Michaela Gross-Letzelter (Hrsg.)

Frühchen im Lebenslauf und Soziale Arbeit

D1659801

Bildung – Soziale Arbeit – Gesundheit

Herausgegeben von der
Katholischen Stiftungshochschule München

Band 18

Frühchen im Lebenslauf und Soziale Arbeit

Herausgegeben von
Michaela Gross-Letzelter

DE GRUYTER
OLDENBOURG

ISBN 978-3-11-052570-0
e-ISBN (PDF) 978-3-11-052571-7
e-ISBN (EPUB) 978-3-11-052595-3
ISSN 2509-7040

Library of Congress Cataloging-in-Publication Data
A CIP catalog record for this book has been applied for at the Library of Congress.

Bibliografische Information der Deutschen Nationalbibliothek
Die Deutsche Nationalbibliothek verzeichnet diese Publikation in der Deutschen Nationalbibliografie; detaillierte bibliografische Daten sind im Internet über http://dnb.dnb.de abrufbar.

© 2017 Walter de Gruyter GmbH, Berlin/Boston
Satz: Konvertus, Haarlem
Druck und Bindung: CPI books GmbH, Leck
♾ Gedruckt auf säurefreiem Papier
Printed in Germany

www.degruyter.com

Dieses Buch ist meiner Familie gewidmet: meinem Mann und unseren beiden Söhnen. Ihr musstet oft auf mich verzichten, damit ich die Zeitressourcen für die Forschung hatte. Danke für Euer Verständnis und Eure Unterstützung, ohne die ich das Projekt nie geschafft hätte.

Michaela Gross-Letzelter

Vorwort der Herausgeberin

Wenn man von Frühgeborenen[1] hört, dann ist man automatisch meist auf den Beginn des Lebens fokussiert. Oft interessieren „Sensationsmeldungen“: Mit wie viel (wenig) Gramm ist das Kind geboren? In welcher Schwangerschaftswoche kam es zur Welt? Es stellt sich die Frage, wie die Kinder und ihre Eltern in diesen ersten oft sehr schweren und belastenden Wochen zurechtkommen. Doch nach dem Klinikaufenthalt ist für viele Eltern und ihre frühgeborenen Kinder die belastende Zeit nicht abgeschlossen. Frühchen werden älter – sie kommen aus der Klinik nach Hause, sie besuchen später Kindertageseinrichtungen, sie gehen in die Schule. Es interessiert uns, wie es den Frühchen und ihren Eltern in diesen Lebensphasen geht und wie die Soziale Arbeit sie an Schlüsselstellen am besten unterstützen kann. Deshalb beschäftigt sich dieses Buch nicht nur mit den ersten Lebenswochen der Frühgeborenen, sondern geht den Lebensweg mit ihnen und ihren Eltern weiter.

Wir starten mit dem Beginn des Lebens. Es werden ausführlich die Belastungen und die Unterstützung von Eltern während des Klinikaufenthalts der Frühchen dargestellt. Zudem werden spezielle Versorgungsmethoden von Frühchen im Krankenhaus näher beleuchtet. Wir betrachten auch die Situation von Kindern, die durch die frühe Geburt Sehbehinderungen erlitten haben. Es interessiert uns, wo sie in dieser Lebensphase Unterstützung erhalten und wie Expert(inn)en die Versorgungssituation einschätzen. Ebenso werden Mütter befragt, die ihr frühgeborenes Kind allein erziehen. Wie ergeht es diesen Familien und wie gehen sie mit den besonderen Belastungen um?

2009 wurden Eltern von Frühchen, die zu diesem Zeitpunkt zwischen zwei und vier Jahren alt waren, befragt.[2] 2015 wurden diese Eltern erneut interviewt. Ihre Kinder waren nun zwischen acht und zehn Jahre alt, und so konnten die Befragten von der Kindergartenzeit, dem Übergang zur Schule und den ersten Schuljahren berichten. Ausgehend von den Interviews wird die Lebensphase bis zur dritten Klasse Grundschule beschrieben. Gibt es Unterschiede zu anderen Kindern? Wünschen sich Eltern Unterstützung? Wie sind die Lebensverläufe der Frühchen? Am Schluss fassen wir noch einmal die Konsequenzen der gesamten Forschungsergebnisse für die Praxis der Sozialen Arbeit zusammen.

Das Buch setzt sich aus Beiträgen von mehreren Autor(inn)en zusammen und basiert auf verschiedenen Kooperationen.

Mein erster Dank gilt allen Frühchen-Eltern, die sich zur Befragung zur Verfügung gestellt haben, insbesondere denjenigen, die sich die Zeit für ein weiteres Interview genommen haben.

1 Frühgeborene und Frühchen werden in diesem Band synonym verwendet.

2 Ergebnisse der ersten Interviews in: Gross-Letzelter (2010): Frühchen-Eltern – Ein sozialpädagogisches Forschungsprojekt.

DOI 10.1515/9783110525717-202

Zudem danke ich den Mitarbeiter(inne)n der Neonatologie des Klinikums Großhadern der Universität München: Herrn Prof. Dr. med. Andreas W. Flemmer und seinem Team.

Ich danke den Mitarbeiter(inne)n der Division für Neonatologie der Universitätsklinik für Kinder- und Jugendheilkunde im Landeskrankenhaus Salzburg: Frau Dr. med. Erna Hattinger-Jürgenssen, projektleitende Oberärztin, Pflegeexperte für Intensivpflege DKKS Herrn Johann Binter IBCLC und Stationsleitung DKKS Frau Andrea Ebner.

Dieses empirische Forschungsprojekt ohne Drittmittel konnte nur durch geeignete Rahmenbedingungen an der Katholischen Stiftungshochschule gelingen – ich danke dem Präsidenten, Herrn Prof. Dr. Hermann Sollfrank, und der EHL für das Forschungssemester und die Möglichkeit, Lehre und Forschung zu verbinden.

Viele Studierende haben an dem Projekt mitgearbeitet. Sie sind teilweise Mitautor(inn)en und werden an den entsprechenden Stellen erwähnt. Es sind Studierende des Bachelorstudiengangs „Soziale Arbeit" und des Masterstudiengangs „Pflegewissenschaft – Innovative Versorgungskonzepte".

Ich danke besonders den studentischen Hilfskräften, die mich bei der Forschung unterstützt haben: Veronika Bickl, Lucas Gottsmann, Stefan Letters, Maximilian Margreiter, Jasmin Schnürle und insbesondere Susanne Illerhaus-Bange.

Zudem geht mein Dank an die Lektorin Rita Güther, die bei der Fertigstellung des Buches – nicht nur durch interessiertes Nachfragen – überaus hilfreich war.

Michaela Gross-Letzelter

Anmerkungen der Herausgeberin zum methodischen Vorgehen

Das Buch präsentiert Ergebnisse verschiedener Forschungsprojekte. Gemeinsam mit Studierenden habe ich eine Fragebogenaktion mit Eltern durchgeführt, die ein oder mehrere Kinder unter 1500 Gramm in den Jahren 2012, 2013 oder 2014 auf der Intensivstation im Klinikum Großhadern liegen hatten. Diese Vollerhebung bringt repräsentative Ergebnisse für diese spezifische Zielgruppe. Anhand von statistischen Zahlen erkennen wir die Belastungen und auch die Unterstützung, die Eltern in dieser Phase am Beginn des Lebens ihres Frühchens erfahren haben. Studierende griffen das Thema „Frühchen“ auf und betrachteten in verschiedenen Forschungsprojekten eigenständig, aber von mir begleitet, unterschiedliche Facetten des Lebens von Frühchen und ihren Eltern. Diese studentischen Forschungsprojekte sind nicht repräsentativ, zeigen aber interessante Aspekte auf und bilden in der Summe ein vielschichtiges Bild von den betroffenen Familien und dem professionellen Umfeld.

Ausgehend von den Schwierigkeiten, denen Frühchen nach der Geburt ausgesetzt sind, dokumentierten Studentinnen des Masterstudiengangs „Pflegewissenschaft – Innovative Versorgungskonzepte“, wie eine bestimmte pflegerische Versorgungsmethode (NIDCAP®) die Eltern schon bei der Versorgung im Krankenhaus einbezieht und so wichtige Grundlagen für die Bindung zwischen Frühchen und Eltern legt. Es wurden Expert(inn)eninterviews, halbstandardisierte Leitfadeninterviews, mit dem Personal geführt, das NIDCAP® in der Praxis umsetzt. Ziel war es, einen Überblick über die wesentlichen Elemente von NIDCAP®, dessen Strukturen und die Auswirkungen auf verschiedenen Ebenen zu erhalten. Die entstandenen Interviews wurden mittels qualitativer Inhaltsanalyse, angelehnt an die „Grounded Theory“ nach Strauss/Corbin (1996) und dem „Zirkulären Dekonstruieren“ nach Jaeggi/Faas/Mruck (1998) ausgewertet. Die Theorie von Miller (2012) bot einen zusätzlichen Bezugsrahmen, innerhalb dessen die gewonnenen Erkenntnisse interpretiert und in einen beziehungstheoretischen Kontext gesetzt wurden.

Studierende des Bachelorstudiengangs „Soziale Arbeit“ beschäftigten sich mit den Folgen, die eine Frühgeburt haben kann. Es wurde z. B. eine konkrete Behinderung ausgewählt und in diesem Kontext hinterfragt, wie die Vernetzung im professionellen Hilfesystem aussieht. Auch dieses Forschungsprojekt ist qualitativ ausgerichtet: Es wurden ebenfalls passende Expert(inn)en für Interviews ausgewählt und die erhobenen Daten methodisch ausgewertet.

Hier ist stets von Familien die Rede, deren Mitglieder gemeinsam die Herausforderung einer Frühgeburt bewältigen. Zwei Studentinnen wollten wissen, wie es Müttern geht, die allein mit dieser Situation umgehen müssen. Sie haben deshalb alleinerziehende Mütter von Frühchen befragt, um zu erfahren, welche Schwierigkeiten und Probleme sie zu bewältigen haben. Sie wählten als Zugang zu ihrer Zielgruppe das

DOI 10.1515/9783110525717-203

Internet und stellten dort einen Fragebogen online. So sind auch diese Ergebnisse nicht repräsentativ, aber durch den kreativen Zugang war es überhaupt möglich, eine gewisse Anzahl von alleinerziehenden Müttern mit Frühchen zu finden.

Kernstück dieses Buches sind Interviews mit Frühchen-Eltern, die inzwischen Kinder im Alter zwischen acht und zehn Jahren haben. Ich habe bereits 2009 Interviews mit den Eltern geführt, als ihre Kinder zwischen zwei und vier Jahre alt waren.[1] So konnte ich eine Panelstudie – eine Längsschnittstudie mit denselben Personen – durchführen. Insgesamt fünf Familien stellten sich für ein zweites Interview zur Verfügung, das ebenso wie alle anderen Interviews, die in den verschiedenen Forschungsprojekten geführt wurden, transkribiert und methodisch ausgewertet wurde. Die Interviews umfassen die Lebensphase vom Kindergarten bis zur Schule. So werden vor allem auch die Ergebnisse beim Übergang in diese beiden Institutionen dargestellt. Studierende ergänzten die Interviewergebnisse mit dem Thema „Schulfähigkeit“. Auf den Ergebnissen der Forschungsprojekte aufbauend, können Soziale Arbeit und Frühchen im Lebenslauf betrachtet und Anregungen für die Praxis gegeben werden.

Zwei studentische Forschungsprojekte gehen über die Grundschulzeit hinaus. Eine Gruppe interessierte der Schulverlauf von Frühchen, da sie sich über die Schwierigkeiten, die Frühchen bei den schulischen Anforderungen haben können, informiert hatten. Auch sie wählten für ihre nicht repräsentative Studie das Internet als Plattform und als Zugang zu ihrer Zielgruppe der erwachsenen Frühchen, ebenso wie die Studierenden, die bei ihrer Forschung insgesamt wissen wollten, wie es Frühchen im Erwachsenenalter geht. So wird mit diesen Ergebnissen ein Ausblick auf die Zukunft von Frühchen gegeben.

Michaela Gross-Letzelter

1 Gross-Letzelter (2010): Frühchen-Eltern – Ein sozialpädagogisches Forschungsprojekt.

Inhalt

Teil 1: **Frühchen am Beginn des Lebens**

Nina Wendl

Informationen zu Frühchen

Zunächst soll geklärt werden, welche Kinder unter den Begriff „Frühchen“ fallen, warum es zu Frühgeburten kommt und welche Schwierigkeiten Frühchen am Beginn des Lebens haben.[1]

Als frühgeboren werden seit der Definition der World Health Organisation (WHO) von 1962 Neugeborene bezeichnet, die vor der vollendeten 37. Schwangerschaftswoche (SSW), d. h. mit einem Gestationsalter von weniger als 259 Tagen, zur Welt kommen (Baumgartner 2010: 17). Gestationsalter beschreibt die Dauer der Schwangerschaft ab dem Zeitpunkt der Befruchtung und damit das Alter des Fötus in Wochen und Tagen.[2] Eine normale Schwangerschaft dauert danach etwa 40 Wochen (Jorch 2013: 9).

Das Erreichen der 23. SSW bildet in Deutschland die Grenze der Lebensfähigkeit eines Frühgeborenen (Bundesverband „Das frühgeborene Kind“ 2011: 9). Frühgeborene, die zwischen der vollendeten 28. und 31. SSW geboren werden, bezeichnet man als sehr unreife Frühgeborene (Jorch 2013: 11) und Frühchen, die davor zur Welt kommen, werden als extrem kleine Frühgeborene definiert (Jorch 2013: 12). Mit jedem Tag, den das Baby im Mutterleib heranreifen kann, steigt seine Überlebenschance um 2 % und sinkt sein Risiko auf bleibende Schäden (Jorch 2013: 10).

1 Statistische Daten

Laut Bundesverband „Das frühgeborene Kind e. V.“ kommen jährlich ungefähr 60.000 Frühchen in Deutschland zur Welt (Bundesverband „Das frühgeborene Kind“ 2011: 10), das waren im Jahr 2012 6,9 % der insgesamt 673.544 Lebendgeborenen (Destatis 2013).[3] Laut einer Studie des statistischen Bundesamts in Wiesbaden aus dem Jahr 2013 kamen 2012 3657 Frühchen mit einem Geburtsgewicht von unter 1000 Gramm und 4846 Frühgeborene mit 1000 bis 1500 Gramm zur Welt. Insgesamt 46.492 Kinder wogen bei ihrer Geburt weniger als 2500 Gramm (Destatis 2013). Frühgeborene bilden somit die größte Kinderpatientengruppe in Deutschland (Bundesverband „Das frühgeborene Kind“ 2011: 10).

6,4 % der im Jahr 2012 männlichen Neugeborenen waren Frühchen, bei den weiblichen Neugeborenen lag der Anteil bei 7,4 % (Destatis 2013).

---

1 Dieser Beitrag ist ein Auszug aus der BA-Arbeit von Nina Wendl.

2 URL: http://www.familienplanung.de/lexikon/gestationsalter/ (letzter Aufruf: 17.06.2014).

3 Die Angaben von Destatis in diesem Kapitel sind Berechnungen des statistischen Bundesamts, die der Autorin auf Anfrage zugesandt und zur Verwendung überlassen wurden und nicht auf der Homepage abrufbar sind.

DOI 10.1515/9783110525717-001

Vergleicht man die Daten der Perinatalzentren zu der Überlebensrate von Frühgeborenen, so ergeben sich folgende Zahlen: Während nur ca. 15 % aller Frühchen der vollendeten 22. SSW überleben, sind es schon 70 bis 80 % bei den Frühchen mit einem Gestationsalter von 24 bis 25 Schwangerschaftswochen. Bei Kindern, die nach der 27. SSW geboren werden, steigt die Rate auf 95 %. Auf das Geburtsgewicht bezogen steigt die Überlebenschance von 75 bis 80 % bei den Frühchen mit einem Gewicht von 500 bis 750 Gramm auf 95 % bei den Kindern, die 1000 bis 1500 Gramm bei ihrer Geburt wiegen (Baumgartner 2010: 16).

80 % der Frühgeborenen kommen per Sectio (Kaiserschnitt) zur Welt, da eine natürliche Geburt eine noch zu hohe Belastung für sie darstellen würde (Jorch 2013: 24). Im Vergleich dazu sind es 20 % der Reifgeborenen, die durch einen Kaiserschnitt auf die Welt geholt werden (Jorch 2013: 24).

2 Internationaler Vergleich

Laut WHO kommen jährlich 15.000.000 Kinder weltweit zu früh zur Welt,[4] bei einer weltweiten Gesamtzahl von 142.634.000 Geburten pro Jahr.[5] Das bedeutet, dass fast jedes zehnte Baby, das geboren wird, ein Frühchen ist. Jedes Jahr sterben etwa 1.000.000 Kinder an den Folgen und Komplikationen einer Frühgeburt. Damit ist die Frühgeburt die häufigste Ursache der Säuglingsmortalität in den ersten vier Wochen nach der Geburt.[6]

3 Risikofaktoren und Ursachen einer Frühgeburt

Die Zahl der Frühgeburten stieg trotz des medizinischen Fortschritts in den letzten Jahren an, anstatt zurückzugehen (von der Wense/Bindt 2013: 31) Ein Grund hierfür ist, dass durch die verbesserte Versorgung während der Schwangerschaft eine Fehlgeburt zwar verhindert werden kann, es stattdessen jedoch oft zu einer Frühgeburt kommt (Jorch 2013: 8). Das ist vermutlich auch dem höheren Durchschnittsalter der Frauen bei einer Schwangerschaft, der steigenden Zahl an Mehrlingsschwangerschaften und Kinderwunschbehandlungen und den daraus folgenden Komplikationen geschuldet (von der Wense/Bindt 2013: 31).

Es gibt einige Faktoren, die sich im Laufe der Zeit als risikoreich für eine zu frühe Geburt herausgestellt haben bzw. eine solche begünstigen können. Wenn es bereits

---

4 URL: http://www.who.int/mediacentre/factsheets/fs363/en/# (letzter Aufruf: 14.06.2014).
5 URL: http://www.prb.org/pdf13/2013-population-data-sheet_eng.pdf (letzter Aufruf: 17.06.2014).
6 URL: http://www.who.int/mediacentre/factsheets/fs363/en/# (letzter Aufruf: 14.06.2014).

vorangegangene Frühgeburten, Fehlgeburten oder Totgeburten gab, ist das Risiko einer erneuten Frühgeburt erhöht (von der Wense/Bindt 2013: 19). Einerseits kann das an einer genetischen Veranlagung liegen (von der Wense/Bindt 2013: 18). Andererseits ist die Mutter zum Zeitpunkt der erneuten Schwangerschaft wegen des traumatischen Erlebnisses der vorangegangenen Geburt voller Angst und Anspannung, was wiederum eine Frühgeburt auslösen kann (Baumgartner 2010: 22).

Auch bei einer Schwangeren unter 16 Jahren erhöht sich das Risiko einer Frühgeburt, da der Körper eines Mädchens in diesem Alter biologisch noch nicht für eine Schwangerschaft bereit ist und diese im jugendlichen Alter zudem eine schwere Belastungssituation für ein Mädchen darstellt (Baumgartner 2010: 21). Ein Lebensalter von über 38 Jahren erhöht ebenso die Wahrscheinlichkeit einer Frühgeburt (Strobel 1998: 14). Frauen aus Familien, die in Armut leben, oft mit wenig Nahrung und Wohnraum ausgestattet und schädlichen Umwelteinflüssen ausgesetzt sind, sind öfter von einer Frühgeburt betroffen, vor allem auch, weil diese Frauen selten oder gar keine Vorsorgeuntersuchungen wahrnehmen (Baumgartner 2010: 19).

Rauchen, Alkohol- und Drogenkonsum während der Schwangerschaft können als weitere Risikofaktoren festgehalten werden (Jorch 2013: 21). Rauchen stellt mit 30 % eines der größten Risiken dar (Strobel 1998: 15). In seltenen Fällen können eine Reise und die damit verbundenen klimatischen Veränderungen eine Frühgeburt auslösen (Strobel 1998: 15). Ein Über- oder Untergewicht und falsche bzw. einseitige Ernährung erhöhen ebenfalls das Risiko (Baumgartner 2010: 22).

Des Weiteren muss davon ausgegangen werden, dass jegliche Art von Belastung, vor allem im sozialen, psychischen, wirtschaftlichen und finanziellen Bereich, das Frühgeburtsrisiko drastisch erhöht (Jorch 2013: 21). Auch Schwierigkeiten in der Partnerschaft, Angst (Strobel 1998: 16), Stress und schwere Arbeit während der Schwangerschaft erhöhen die Wahrscheinlichkeit einer Frühgeburt (Müller-Rieckmann 2000: 14).

Leidet eine schwangere Frau an einer Krankheit, so kann dies die Ursache für eine zu frühe Entbindung des Kindes sein. Krankheiten, die eine Frühgeburt verursachen können, sind Gestose, Anämie, Herz- und Lungenerkrankungen, Diabetes, Hyperthyreose, das HELLP-Syndrom und Infektionen (Müller-Rieckmann 2000: 14), wobei letztere die häufigsten Auslöser für Frühgeburten sind (Baumgartner 2010: 22). Auch Anomalien und Erkrankungen der Gebärorgane führen zu einer verfrühten Geburt (Müller-Rieckmann 2000: 15). Die zunehmende Größe der Föten bei einer fortschreitenden Mehrlingsschwangerschaft, die dadurch entstehende Enge im Uterus und die mehrfach ausgeschöpfte Plazenta können eine Frühgeburt auslösen (Baumgartner 2010: 22). In einigen Fällen muss die Geburt auch vorzeitig eingeleitet werden, um einer Gefährdung von Mutter oder Kind durch die weitere Austragung vorzubeugen (Jorch 2013: 18). Eine Frühgeburt kann auch die Folge sein, wenn der Hormonhaushalt der Mutter gestört ist, die Sauerstoff- und/oder die Nährstoffversorgung nicht mehr ausreichend sind oder wenn in der Gebärmutter zu wenig oder zu viel Fruchtwasser vorhanden ist (Dick et al. 1999: 19).

Auch Erkrankungen des Fötus, wie beispielsweise angeborene Fehlbildungen, Wachstumsstörungen, Infektionen, Blutgruppenunverträglichkeiten (Jorch 2013: 18), Rhesusunverträglichkeiten, Nabelschnur- (Müller-Rieckmann 2000: 15) oder Stoffwechselstörungen (Strobel 1998: 14), können Ursache für eine Frühgeburt sein.

Letztendlich lässt sich festhalten, dass es viele Faktoren gibt, die zu einem Frühgeburtsrisiko führen. Bei 40 % der Frühgeburten bleibt die Ursache allerdings unklar.[7] Die Auslöser sind meist vielfältig, komplex und multifaktoriell (von der Wense/Bindt 2013: 30), selten gibt es eine einzige Ursache (Jorch 2013: 18).

4 Schwierigkeiten für Frühgeborene

Frühgeborene sind von Beginn ihres Lebens an diversen körperlichen und seelischen Belastungen ausgesetzt. Durch die frühe Geburt und die Trennung von der Schutz bietenden Mutter muss sich das Frühchen verschiedenen Herausforderungen stellen. Häufig sind die Auswirkungen einer Frühgeburt noch lange nach der Entbindung zu spüren, teilweise aber auch erst in späteren Jahren feststellbar.

Abhängig vom Reifegrad des Frühgeborenen kann es in den ersten Wochen nach der Geburt zu diversen körperlichen Komplikationen kommen (Sarimski 2000: 16). Sowohl Niere als auch Leber sind neben der Lunge zumeist noch nicht voll entwickelt. Daneben leiden die Frühchen häufig an Hypothermie, Atemstörungen, Frühgeborenenretinopathie, Problemen mit dem Gastrointestinaltrakt, Störungen des zentralen Nervensystems, Anämie und Hypotension (Müller-Rieckmann 2000: 19 ff.). Frühchen sind sehr infektionsanfällig, und es können Blutungen auftreten (Müller-Rieckmann 2000: 19 ff.). Die Unreife eines Frühchens birgt somit ein großes Risiko für seine gesunde körperliche Entwicklung (Sarimski 2000: 15).

Jedes Frühchen ist auf der Neugeborenenintensivstation Bedingungen ausgesetzt, die es ihm erschweren, einen stabilen Tagesrhythmus aufzubauen, sich zu erholen und normal zu entwickeln. Dabei gilt es, dem Frühchen den Übergang in diese fremde, beängstigende Welt so angenehm wie möglich zu gestalten. Das Frühchen ist in einer Zeit, in der es sowohl körperlich als auch psychisch besonders verletzlich ist, schädigenden Einflüssen ausgesetzt (Marcovich 2008: 48). Auf der Station ist es normalerweise sehr laut und hell (Marcovich 2008: 48), das Frühchen ist umgeben von technischen Geräten und Kabeln (Bundesverband „Das frühgeborene Kind“ 2011: 26), es muss erhebliche Schmerzen erleiden, ihm werden unzählige Medikamente verabreicht (Marcovich 2008: 56 ff.). All das ist für ein Frühchen enorm strapaziös, zudem liegt es völlig isoliert im Inkubator (Jotzo 2004: 19) und wird durch das Fachpersonal ständig in seinen Schlaf- und Ruhephasen unterbrochen (Marcovich 2008: 50). Oft

---

7 URL: http://www.familienplanung.de/schwangerschaft/fruehgeburt/risiken-anzeichen-chancen/ (letzter Aufruf: 15.06.2014).

haben Frühchen noch nicht die Kraft zum Aufnehmen von Mahlzeiten, weshalb sie zusätzlich durch eine Sonde ernährt werden müssen und dadurch kein Gefühl für einen Lebensrhythmus entwickeln können (Müller-Rieckmann 2000: 30).

Häufig haben Frühchen nach der Entlassung aus der Klinik, in der sie meist mehrere Wochen verbringen mussten, Schwierigkeiten, sich an die neue Umgebung und Situation in ihrem zu Hause anzupassen (Jotzo 2004: 37). Sie sind leicht zu irritieren, geraten aus dem Gleichgewicht, ihre Stimmung schwankt sehr schnell, sie reagieren negativ auf Veränderungen (Jotzo 2004: 37), was sich in Schlaf- und/oder Fütterstörungen sowie exzessivem Schreien äußern kann (Sarimski 2000: 117). Diese Schwierigkeiten sind der Unreife der Frühchen und den daraus resultierenden Problemen in der „[...] sensorischen Erregbarkeit, der Modulation von Erregung und Aufmerksamkeit, sowie der zentralen Steuerung der Koordination motorischer Reaktionen [...]" (Sarimski 2000: 117) geschuldet. Durch die lange Zeit auf der Station sind sie es gewohnt, dass es hell und laut ist, weshalb ihnen die Dunkelheit und Stille im neuen zu Hause oft Angst macht. Jedoch muss der Vollständigkeit halber erwähnt werden, dass auch bei reifgeborenen Säuglingen Regulationsstörungen auftreten können (Sarimski 2000: 117).

Eine besondere Sorge von Frühgeboreneneltern muss dem plötzlichen Kindstod – aus dem Englischen übernommen auch „Sudden Infant Death Syndrome" (SIDS) genannt – gelten. Als plötzlicher Kindstod werden unerwartete Todesfälle ohne erkennbare Ursache bei Säuglingen bezeichnet.[8] In Deutschland sind jährlich etwa 2000 Kinder betroffen (Steidinger/Uthike 1985: 142). Der plötzliche Kindstod ist für 50 % der Todesfälle von Säuglingen verantwortlich, die mehr als einen Monat alt sind (Steidinger/Uthike 1985: 142). Risikokinder wie untergewichtige Neugeborene, Kinder mit einer schwierigen Geburt oder Frühgeborene machen 75 % der Todesfälle aus (Strobel 1998: 159). Je unreifer ein Frühchen bzw. je niedriger sein Geburtsgewicht war, desto höher ist sein Risiko, am plötzlichen Kindstod zu sterben (Jorch 2013: 148).

5 Folgen einer Frühgeburt

Die Unterbrechung des vorgesehenen Entwicklungsverlaufs im Uterus der Mutter kann erhebliche Folgen für das weitere körperliche und seelische Wachstum des Frühgeborenen haben (Alberti 2007: 112). Frühgeborene entwickeln meist aufgrund ihrer Unreife Schwierigkeiten im sprachlichen, kognitiven und emotionalen Bereich. Dies kann sich beispielsweise in einem unregelmäßigen Schlaf-Wach-Rhythmus, in Regulationsschwierigkeiten, Aufmerksamkeitsdefiziten, Autismus bis hin zu anderen psychischen Störungen äußern (von der Wense/Bindt 2013: 131 ff.). Viele Frühchen

8 URL: http://www.ploetzlicher-kindstod.org/index.php?sids (letzter Aufruf: 14.06.2014).

tragen Seh- und Hörschäden davon und/oder sind von Lernbehinderungen[9] betroffen. Auch durch eine Hirnschädigung verursachte körperliche oder geistige Behinderungen, Atemwegserkrankungen oder spastische Lähmungen können die Folge einer Frühgeburt sein.[10]

Je früher ein Kind geboren wird, desto höher ist das Risiko für Komplikationen, wie beispielsweise das Atemnotsyndrom (Sarimski 2000: 16) und intrakranielle Blutungen (Marcovich 2008: 74, 78). Beim Atemnotsyndrom wird eine Beatmung des Frühchens erforderlich, da sich durch das unreife Atemzentrum im Gehirn und die noch nicht funktionstüchtige Lunge die Bläschen dort nicht richtig entfalten können und immer wieder in sich zusammenfallen, wodurch es zu Sauerstoffmangel kommt (Bundesverband „Das frühgeborene Kind" 2011: 14). Die Intensivbehandlung auf der neonatologischen Station ist zwar für den Lebenserhalt des Frühchens unvermeidbar, kann jedoch bei den Frühgeborenen Spuren hinterlassen, die irreversibel sind, wie z. B. bronchopulmonale Dysplasien. Durch die Beatmung verändern sich die Zellen in der Lunge, genannt Dysplasie, wodurch die Lunge weniger dehnbar wird und sich ihre Wände verdicken, was den Gasaustausch beeinträchtigt (Bundesverband „Das frühgeborene Kind" 2011: 14).

Neben Entwicklungsrückständen können sich auf psychosozialer Ebene langfristig schulische Probleme und Verhaltensauffälligkeiten entwickeln (Marcovich 2008: 82 ff.). Je früher und unreifer ein Kind geboren wird, desto schwerwiegendere Folgen kann diese Frühgeburt nach sich ziehen. Zu beachten ist dabei selbstverständlich, dass es keine eindeutigen Aussagen gibt. Jedes Kind ist ein Individuum, das sich einzigartig entwickelt, individuell unterschiedlich mit den Folgen der Frühgeburt umgeht und diese auch unterschiedlich verkraftet (Müller-Rieckmann 2000: 25).

6 Rechtliche und ethische Faktoren

Eine schwangere Frau darf nach § 3 Abs. 2 MuSchG normalerweise sechs Wochen vor dem errechneten Geburtstermin, d. h. ab der 34. SSW, in den Mutterschutz gehen. Laut § 6 Abs. 1 MuSchG endet der Mutterschutz, der für die Mutter verpflichtend ist, schließlich acht Wochen nach der tatsächlichen Entbindung. Bei Frühgeburten und Mehrlingsgeburten verlängern sich diese Schutzfristen auf zwölf Wochen nach der Entbindung. Zusätzlich wird der Mutter eines Frühgeborenen die Zeit des Mutterschutzes zugestanden, die sie aufgrund der zu frühen Entbindung nicht in Anspruch nehmen konnte. Insgesamt stehen einer Frühchenmutter demnach 18 Wochen Mutterschutz zu.

---

9 URL: http://www.who.int/mediacentre/factsheets/fs363/en/# (letzter Aufruf: 14.06.2014).

10 URL: http://www.familienplanung.de/schwangerschaft/fruehgeburt/risiken-anzeichen-chancen/ (letzter Aufruf: 15.06.2014).

Eine ethische Diskussion, die immer wieder geführt wird, behandelt die Frage, ab wann ein Mensch als lebenswert zu betrachten ist. Auch im Bereich der Neonatologie wird diese Frage aufs Neue gestellt. Während für das Klinikpersonal eine Schwerstbehinderung der fatalste Ausgang einer Frühgeburt ist, betrachten Eltern oft den Tod ihres Kindes als schlimmste Folge (Schäfers 2011: 138). Deshalb ist es notwendig, Eltern mit in die Diskussion einzubeziehen, wie viele und wie lange Maßnahmen unternommen werden sollen, müssen und dürfen, um das Leben des Frühchens zu erhalten (Schäfers 2011: 138).

Nach § 31 der Verordnung zur Ausführung des Personenstandsgesetzes besteht die ärztliche Pflicht, ein Baby zu behandeln, sofern es nach der Entbindung von der Mutter, wenn auch nur für kurze Zeit, Lebensmerkmale zeigt. Dazu zählen der Herzschlag, eine pulsierende Nabelschnur und die natürliche Lungenatmung. Es wird demnach ohne Zweifel von einem Menschen gesprochen, für dessen Lebenserhaltung alles getan werden muss, ohne zwischen Kind und Erwachsenem zu unterscheiden.

Michaela Gross-Letzelter

Belastungen und Unterstützung von Frühchen-Eltern während der Klinikzeit

Wenn man die schwierigen Bedingungen sieht, denen Frühchen nach der Geburt ausgesetzt sind, interessiert es, unter welchen Belastungen Eltern in dieser Zeit leiden und welche Unterstützung sie erfahren. Im Folgenden werden Ergebnisse einer repräsentativen Fragebogenerhebung dargestellt.

Im Oktober 2014 wurde eine Vollerhebung aller Eltern durchgeführt, deren in den Jahren 2012, 2013 oder 2014 geborene(s) Frühchen mit einem Geburtsgewicht von unter 1500 Gramm auf der Intensivstation der Neonatologie im Klinikum Großhadern der Universität München versorgt wurde(n). Dies waren laut Klinikum insgesamt 220 Eltern.

Die Eltern wurden vom Klinikum Großhadern angeschrieben und bekamen so den von mir und Studierenden der Katholischen Stiftungshochschule erstellten Fragebogen übermittelt. Es antworteten innerhalb der gestellten Frist 81 Eltern, was einer Rücklaufquote von 36 % entspricht.

Aufgrund der Kenntnisse über die gesundheitliche Situation von Frühchen gliedert sich der Fragebogen in folgende Themenkomplexe: Schwangerschaft, Geburt, Angaben zu dem/den Frühchen (wie Gewicht, Gesundheitszustand usw.), Verlauf des Klinikaufenthalts, Belastungen und Unterstützung im Krankenhaus, Belastungen und Unterstützung in der ersten Zeit zu Hause sowie Angaben zu den Eltern (Familienform, Alter, Bildungsstand usw.). Insgesamt wurden 43 teilweise sehr komplexe Fragen gestellt.

In den letzten Jahren haben die Ärzte und das Pflegepersonal der Neonatologie im Klinikum Großhadern aufgrund der besonderen Situation der Eltern von Frühgeborenen etliche Angebote und Neuerungen eingeführt. Deshalb war auch der Fragenkomplex, welchen Belastungen die Eltern in der Krankenhauszeit ausgesetzt waren, welche Unterstützung sie dabei erfahren haben, welche Angebote die Eltern genutzt haben und wie diese bewertet wurden, ein Schwerpunkt der Fragebogenaktion.

Die Studie wurde mit der Unterstützung von Studierenden des Bachelorstudiengangs „Soziale Arbeit" der Katholischen Stiftungshochschule München durchgeführt. Die Studierenden, die bei den jeweiligen Themen namentlich genannt werden, haben die Datenauswertung übernommen. Die Ergebnisse werden in diesem Beitrag aufgeführt.

DOI 10.1515/9783110525717-002

1 Allgemeine Informationen

Gut ein Drittel[1] aller Geburten dieser Untersuchung waren Mehrlingsgeburten (35 %). Ursprünglich umfasste die Studie insgesamt 115 Frühgeborene. Da aber zehn Kinder verstorben sind, betreffen manche Fragen nur die Familien der 105 überlebenden Frühchen.[2]

Die Kinder wurden zwischen der 23. und 35. SSW geboren. Die Geburtsgewichtsverteilung der Frühchen entsprach weitgehend dem, was aufgrund der Geburten in der jeweiligen Schwangerschaftswoche zu erwarten war. Annähernd die Hälfte der Frühchen hatte ein Geburtsgewicht von über 1000 Gramm erreicht, während die andere Hälfte ein Geburtsgewicht von 1000 Gramm oder weniger aufwies.

Die Aufenthaltsdauer der Frühchen im Klinikum Großhadern war sehr unterschiedlich: Sie lag zwischen weniger als einer Woche und mehr als 16 Wochen. Von der Gesamtanzahl aller Frühgeborenen blieben 28 % kurzzeitig zwischen null bis vier Wochen, 25 % mussten dagegen mit neun bis zwölf Wochen relativ lange im Klinikum verbleiben.

Eine kurze Aufenthaltsdauer kann auch dadurch verursacht sein, dass das Kind/die Kinder in ein anderes Klinikum verlegt werden musste(n). Von den 81 Befragten wechselten mehr als die Hälfte (56,8 %) mit einem oder mehreren Kindern die Klinik. Die Gründe für eine Verlegung von der Neonatologie des Klinikums Großhaderns in eine andere Klinik lassen sich laut den Angaben im Wesentlichen in drei klar benannte Themenbereiche unterteilen. So erfolgte die Hälfte (50 %) der Verlegungen aufgrund von Platzmangel. Ein Viertel (26 %) der Verlegungen betraf Operationen oder andere medizinische Behandlungen, welche nicht im Klinikum Großhadern vorgenommen werden konnten. Ein weiterer Grund war der Wunsch nach einer Verlegung des/der Frühchen in eine Klinik in Wohnortnähe. Bei einem Viertel der Mehrlingsgeburten war eine Unterbringung der Kinder in unterschiedlichen Krankenhäusern notwendig.

Bei der Frage nach dem Gesundheitszustand der Frühchen während des Krankenhausaufenthalts wurden insgesamt 26 Operationen und 37 schwere Krisensituationen, in Einzelfällen auch geistige und/oder körperliche Behinderungen genannt. Es fällt auf, dass die Anzahl der schweren Krisensituationen sehr hoch ist. Es wurde keine medizinische Diagnose vorgegeben, sondern die Einschätzung der Eltern zum Zustand ihres Kindes/ihrer Kinder erfragt.

Über ein Viertel der befragten Mütter waren 30 Jahre oder jünger. Das Alter der meisten Mütter bewegte sich zwischen 31 und 40 Jahren (64 %), nur 9 % waren älter

---

1 Dieses Thema wurde bearbeitet von den Studierenden Andrea Fischer, Annkathrin Kraus, Till Schwarz.

2 Bei der Darstellung der Ergebnisse werden die wichtigsten Erkenntnisse herausgegriffen und nicht immer alle Antwortkategorien explizit genannt. So addieren sich nicht alle Prozentzahlen auf 100 %. Insbesondere die Antwortkategorie „keine Antwort“ wird bei Fragen, für die diese Kategorie nicht von besonderer Bedeutung ist, weggelassen.

als 40 Jahre. Allein 28 % der befragten Frauen waren zwischen 36 und 38 Jahre alt. Die Väter waren im Durchschnitt älter als die Mütter, aber auch hier befand sich der Großteil der Väter im Alter zwischen 30 und 40 Jahren (59 %). 17 % waren über 40 Jahre alt.

2 Belastungen der befragten Eltern

Die Eltern[3] wurden nach ihren psychischen Belastungen befragt.[4]

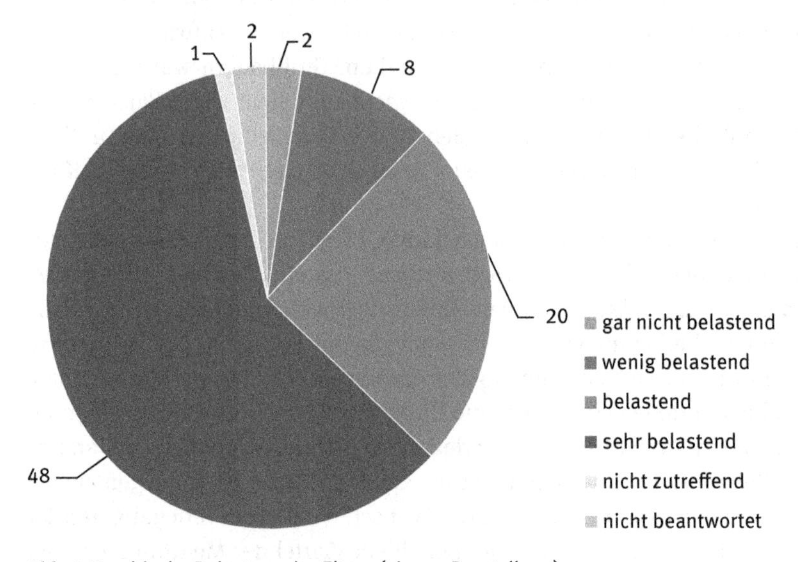

Abb. 1: Psychische Belastung der Eltern (eigene Darstellung).

Bei der Frage nach den psychischen Belastungen bejahten 84 % der Eltern eine solche Belastung, 48 von ihnen (59 %) fühlten sich sehr belastet, 20 Eltern (fast 25 %) belastet.

Eine ebenso große Belastung für die Eltern stellte ihre Unsicherheit im Umgang mit dem/r Frühchen dar: Insgesamt 69 % fühlten sich dadurch belastet.

47 % fühlten sich durch die Atmosphäre in der Klinik belastet oder sehr belastet. Angesichts der vielen seitens des Klinikums Großhadern für Eltern eingeführten Unterstützungsmaßnahmen ist dies noch ein relativ hoher Wert.

Schließlich wurden die Eltern gefragt, was für sie die größte Belastung während des Krankenhausaufenthalts war. Mehrere Antworten konnten gegeben werden. Die

3 Dieses Thema wurde bearbeitet von den Studierenden Bernadett Frysztacki, Janina Otte, Yvonne Rohte.

4 Ergebnisse der eigenen Fragebogenaktion.

meisten Eltern gaben Sorgen um das Kind als größte Belastung an (36 %), danach folgten Zukunftsängste (27 %) und die Unterbringungssituation (16 %).

Über 30 % der Befragten gaben an, dass sie bereits Kinder haben. Von diesen Familien hatten 84 % ein Kind und 12 % zwei Kinder. 90 % dieser Geschwisterkinder waren zehn Jahre oder jünger, zwei Drittel sogar erst zwischen drei und sieben Jahren alt, also in einem Alter, das eine besondere Betreuung erfordert.

Bei der Versorgung der Geschwisterkinder gaben 52 Eltern an, dass eine Belastung auf sie nicht zutrifft bzw. sie gaben keine Antwort. 29 Eltern gaben eine Belastung bei der Versorgung an. Da bei der Frage der Geschwisterkinder nur 25 Eltern angegeben haben, dass bereits Geschwisterkinder vorhanden sind, gibt es hier eine Unklarheit bei den Zahlen. Die Interpretation ist, dass einige Eltern ohne Geschwisterkinder „keine Belastung" angekreuzt haben. Dadurch sind diese Zahlen verzerrt und nicht aussagekräftig. Man kann aber festhalten, dass 19 Eltern belastend und sehr belastend angeben haben. Wenn man davon ausgeht, dass es 25 Eltern gibt, die Geschwisterkinder haben, ist dies eine sehr hohe Zahl.

Die Organisation des Alltags empfanden fast 60 % aller Befragten als belastend oder sehr belastend.

3 Professionelle Unterstützung der Eltern während des Klinikaufenthalts des Frühchens

Die Eltern wurden gezielt nach der Unterstützung[5] durch Ärzte und Ärztinnen während des Krankenhausaufenthalts befragt.[6]

Die Auswertung der Fragebögen ergab, dass 48 % der befragten Eltern viel Unterstützung von Ärzten und Ärztinnen erhielten und 36 % der befragten Eltern ausreichende Unterstützung. Es gaben also 84 % der befragten Eltern an, dass sie ausreichend oder viel Unterstützung erhielten. 12 % der befragten Eltern reichte die ärztliche Unterstützung nicht aus. 4 % ließen diese Frage unbeantwortet (siehe Abb. 2).

Die meiste Unterstützung von Ärzten und Ärztinnen erhielten die befragten Eltern laut Grafik[7] durch medizinische Aufklärung und Information (49 %), gefolgt von psychologischen Gesprächen (16 %), der Vorbereitung auf zu Hause (16 %) und der Vermittlung an andere Einrichtungen (ebenfalls 16 %). Es fällt auf, dass das ärztliche Personal auch außerhalb seines klassischen Aufgabenbereichs unterstützend tätig wurde (siehe Abb. 3).

---

5 Dieser Themenbereich wurde bearbeitet von den Studierenden Angela Kraus, Eva-Maria Maier, Matthias Neuner, Andrea Schieri.

6 Ergebnisse der eigenen Fragebogenaktion.

7 Ergebnisse der eigenen Fragebogenaktion.

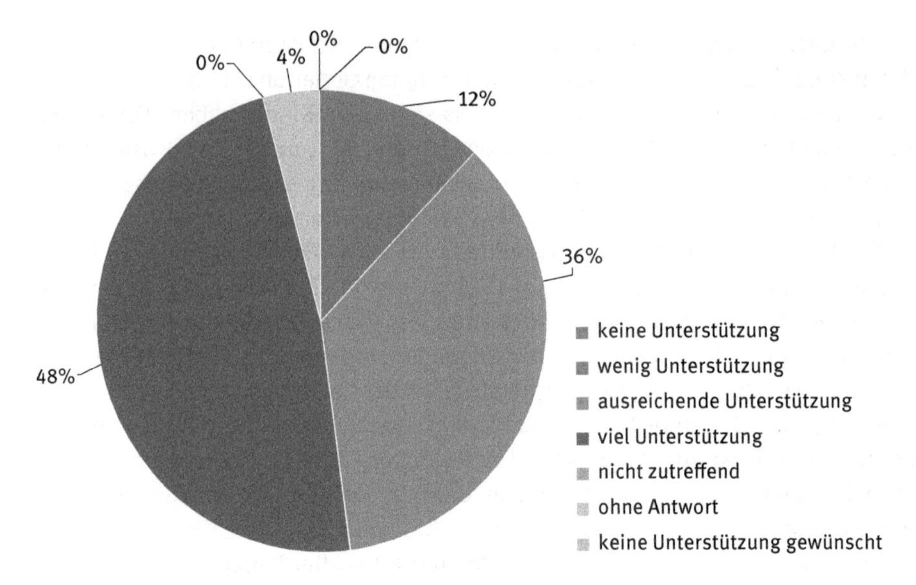

Abb. 2: Unterstützung durch Ärzte und Ärztinnen (eigene Darstellung).

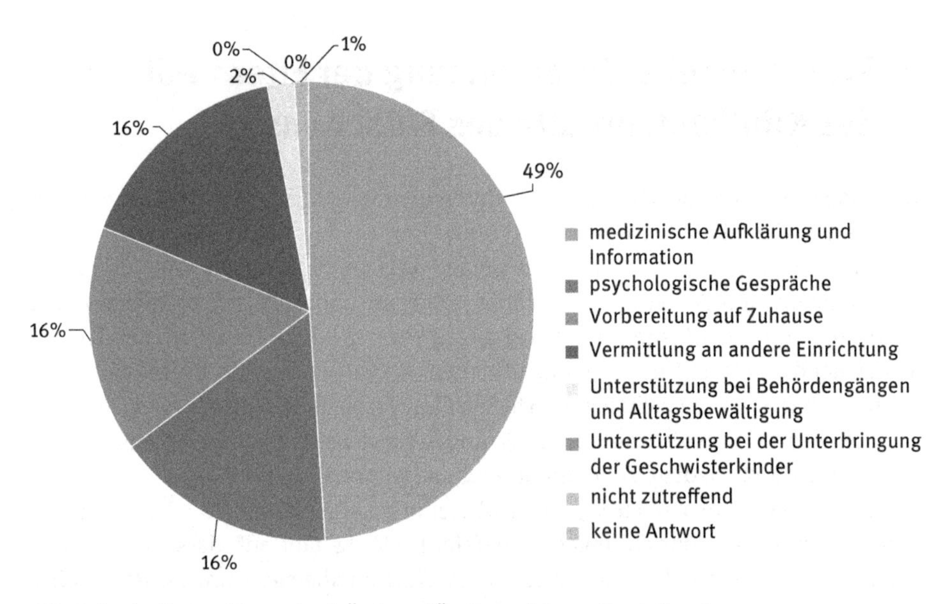

Abb. 3: Art der Unterstützung durch Ärzte und Ärztinnen (eigene Darstellung).

Es wurde ebenfalls nach der Unterstützung des Pflegepersonals gefragt. Hier ergab die Auswertung der Befragung, dass 70 % der befragten Eltern viel Unterstützung von dem Pflegepersonal erhielten und 20 % ausreichende Unterstützung. Das sind insgesamt 90 %. Nur 4 % der befragten Eltern empfanden die Unterstützung des

Pflegepersonals als zu wenig. Das Pflegepersonal ist aufgrund seiner ständigen Anwesenheit auf der Station der erste Ansprechpartner für alle Fragen und Belange der Eltern. Die meiste Unterstützung durch das Pflegepersonal erhielten die befragten Eltern, ähnlich wie bei den Ärzten und Ärztinnen, durch medizinische Aufklärung und Information (34 %), psychologische Gespräche (23 %) und die Vorbereitung auf zu Hause (29 %). Auch das Pflegepersonal unterstützte die betroffenen Eltern somit außerhalb seines Aufgabenbereichs, z. B. durch psychologische Gespräche und die Vorbereitung auf zu Hause.

Knapp die Hälfte der befragten Eltern erhielt ausreichend oder viel Unterstützung von Hebammen. Jeweils knapp 14 % der befragten Eltern empfanden die Unterstützung der Hebammen als zu wenig bzw. als nicht vorhanden. Zudem kreuzten fast 20 % der befragten Eltern die Antwortmöglichkeit „nicht zutreffend" an. Auch Hebammen unterstützten die betroffenen Eltern außerhalb ihres Aufgabenbereichs, z. B. durch psychologische Gespräche und die Vorbereitung auf zu Hause.

Etwas mehr als ein Drittel der befragten Eltern erhielten viel oder ausreichend Unterstützung von Psycholog(inn)en. Fast 14 % der befragten Eltern empfanden die psychologische Unterstützung als zu wenig, 11 % als nicht vorhanden. Von knapp 15 % der Eltern war keine Unterstützung gewünscht. Die meisten Psycholog(inn)en handelten innerhalb ihrer Kernkompetenzen mit der Durchführung von psychologischen Gesprächen (27 %), einige Eltern gaben auch die Unterstützung bei Behördengängen und der Alltagsbewältigung (12 %) an. Hoch ist mit 39 Angaben auch die Antwort „nicht zutreffend".

Nur knapp 25 % der befragten Eltern erhielten viel oder ausreichend Unterstützung von Sozialpädagog(inn)en. Fast 9 % empfanden die sozialpädagogische Unterstützung als zu wenig, für 17 % der befragten Eltern war sie nicht vorhanden. Zudem kreuzten 37 % der befragten Eltern die Antwortmöglichkeit „nicht zutreffend" an. Die geringe Unterstützung durch die Sozialpädagog(inn)en ist möglicherweise darauf zurückzuführen, dass eine sozialpädagogische Beratung auf der Station zeitweise nicht angeboten wurde. Bei der Art der Unterstützung ist auffällig, dass 54 Mal die Antwortmöglichkeit „nicht zutreffend" gewählt wurde. Die weiteren möglichen Nennungen bezogen sich neben psychologischen Gesprächen auf sozialpädagogische Kompetenzen wie Vorbereitung auf zu Hause und Unterstützung bei Behördengängen und Alltagsbewältigung.

Über ein Drittel der befragten Eltern erhielt viel oder ausreichend Unterstützung von Seelsorger(inne)n. Auffallend viele Eltern haben „nicht zutreffend" angegeben. Der Teil der betroffenen Eltern, der seelsorgerische Unterstützung in Anspruch nahm, erhielt vor allem psychologische Gespräche.

Knapp 75 % der Befragten gaben an, dass „keine Unterstützung von externen Beratungsstellen gewünscht" wurde oder kreuzten „nicht zutreffend" an.

Fast 42 % der befragten Eltern entschieden sich bei der Frage nach Unterstützung von Therapeut(inn)en für die Antwortmöglichkeit „nicht zutreffend". Auch hier gaben nur 25 % „viel Unterstützung" bzw. „ausreichend Unterstützung" an. Therapeutische

Unterstützung bezog sich auf medizinische Bereiche sowie die Vorbereitung auf zu Hause.

In einer weiteren Frage wurde die Angebotssituation der Krankenkassen bezüglich der Beratungsmöglichkeiten untersucht. Es wurde ersichtlich, dass es viele Krankenkassen mit unterschiedlichen Angeboten gibt. 35 % der Eltern erhielten viel oder ausreichend Unterstützung, 44 % hingegen keine oder wenig Unterstützung. In dem Fragebogen gab es keine Unterscheidung zwischen gesetzlicher und privater Krankenkasse. 10 % der betroffenen Eltern gaben eine Unterstützung bei Behördengängen und der Alltagsbewältigung an. Fast 5 % erhielten Unterstützung bei der Unterbringung von Geschwisterkindern.

Die meiste Unterstützung aus dem familiären Umfeld kam von Partnern oder Eltern. Die eigene Familie stellt somit den wichtigsten privaten Unterstützungsfaktor dar.

Von den befragten Eltern gaben 12 eine sonstige Unterstützung an (15 %). Da Mehrfachnennungen möglich waren, gab es insgesamt 14 Antworten. Manche Angaben wurden nur einmal genannt,[8] zweimal wurden Familie und Hebamme genannt und viermal wurde HaNa,[9] die Haunersche Nachsorgeeinrichtung, angegeben.

Es gab eine offene Frage, bei der die befragten Eltern frei angeben konnten, wo sie sich mehr Unterstützung gewünscht hätten. Insgesamt haben 41 Personen die offene Antwortmöglichkeit genutzt, das entspricht etwas über 50 %.[10] Die Kategorie, die am häufigsten angesprochen wurde, war der Wunsch nach (mehr) psychologischer Unterstützung, nämlich fast 18 %. An zweiter Stelle folgte der Wunsch nach (mehr) Unterstützung durch die Krankenkassen (fast 11 %). Es wurde fünf Mal (9 %) der Wunsch nach (mehr) Unterstützung zu Hause oder bei der Vorbereitung auf die zukünftige Situation zu Hause genannt. Genauso oft wurde mehr Unterstützung beim Stillen beziehungsweise beim Abpumpen der Muttermilch gewünscht. Insgesamt lässt sich feststellen, dass durch diese offenen Antwortmöglichkeiten die in vorherigen Fragen vorgegebenen Antwortmöglichkeiten nochmals bestätigt oder betont wurden.

Wenn man die Antworten insgesamt zu diesem Themenbereich betrachtet, fällt auf, dass die Ärzte und Ärztinnen und das Pflegepersonal den Eltern viel Unterstützung anboten, hier besonders psychologische Gespräche und die Vorbereitung auf zu Hause. Die Auswertung hat jedoch ebenfalls gezeigt, dass der Hinweis auf bestimmte gewünschte und vorhandene Angebote manche Patient(inn)en gar nicht oder zu spät erreicht. Eine Möglichkeit, dem Wunsch der Eltern nach intensiverer Information zu entsprechen, könnte etwa ein Flyer sein, in dem kurz auf alle vorhandenen

---

8 Aus Datenschutzgründen werden die einzelnen Angaben nicht aufgeführt.

9 URL: www.klinikum.uni-muenchen.de/Klinik-und-Poliklinik-fuer-Frauenheilkunde-und-Geburtshilfe-Grosshadern/de/perinatalzentrum/nachsorge/index.html (letzter Aufruf: 13.05.2017).

10 Wenn die offene Antwort einer einzelnen Person verschiedene thematische Bereiche umfasst, wird sie im Folgenden in mehreren Kategorien (d. h. mehrfach) erfasst. Dazu wurden die 41 gegebenen Gesamtantworten in 56 Teilantworten aufgegliedert.

Angebote und Ansprechpartner(innen) hingewiesen wird (insbesondere auf Stillberatung, Hebammen und Sozialpädagog(inn)en, die auf weitere gesuchte Angebote verweisen können) und der vom Pflegepersonal automatisch jeder Familie übergeben werden könnte.

4 Neue Unterstützungsangebote im Klinikum Großhadern für Frühchen-Eltern

In den letzten Jahren hat das Klinikum Großhadern einige Angebote für Eltern neu entwickelt oder bereits bestehende Bereiche verbessert und gestärkt. Im Folgenden werden die einzelnen Aspekte betrachtet.

4.1 Stillen

Bei dieser Frage[11] ging es darum, herauszufinden, wie viele der befragten Mütter während des Aufenthalts im Krankenhaus gestillt beziehungsweise Muttermilch abgepumpt haben.

Eine Mehrheit der Befragungsteilnehmer(innen), ca. 91 %, konnte ihr Kind/ihre Kinder von Beginn an mit Muttermilch versorgen. Bei zwei Befragten war die Ursache für ein Verneinen der Frage nach „stillen und/oder abpumpen“, dass die Kinder verstorben waren. Eine Person, die den Fragebogen ausgefüllt hat, war männlich.

Bei einer genaueren Betrachtung der befragten Mütter, die nicht stillten (sechs Befragte), zeigten sich im Vergleich zu den stillenden Müttern keine markanten Unterschiede in den Bereichen der Belastungen im sozialen Umfeld und der möglichen mangelnden Unterstützung durch Verwandte und Freunde. Somit scheint dieser Faktor, Belastung und mangelnde Unterstützung, keinen aussagekräftigen Indikator für „nicht stillen oder abpumpen“ darzustellen. Auch scheint das Alter der Mütter zum Zeitpunkt der Geburt keinen Einfluss auf dieses Geschehen zu haben, da diese sechs Mütter zwischen 26 und 39 Jahre bei der Geburt der Kinder (Frühchen) waren, also weder besonders alt noch auffällig jung. Entsprechendes gilt für den Zeitpunkt der Geburt, d. h. in welcher Schwangerschaftswoche das Kind auf die Welt kam, denn auch hier sind keine großen Auffälligkeiten im Vergleich zu den anderen Müttern zu beobachten.

Objektiv ließen sich keine belegbaren Indikatoren/Faktoren für „nicht stillen und/oder abpumpen“ der befragten Personen nachweisen. Prinzipiell möglich wäre

---

11 Dieses Thema wurde bearbeitet von den Studierenden Dominik Hank, Markus Lüddemann, Sandra Straub, Corinna Wagner.

aber auch, dass die Befragungsteilnehmer(innen) das Stillen aus persönlichen Gründen abgelehnt haben.

Etwa 89 % der Mütter haben über einen längeren Zeitraum (mehr als sieben Wochen) gestillt bzw. Muttermilch abgepumpt. Betrachtet man nochmals alle Mütter, sieht man, dass von allen Müttern 64 % sogar mehr als zwölf Wochen gestillt haben. 76 % erhielten dabei ausreichend bis viel Unterstützung, 23 % keine bis wenig Unterstützung.

4.2 Frauenmilchbank

Bei der Frauenmilchbank[12] (Muttermilchbank) handelt es sich um die erste westdeutsche Frauenmilch-Spenderbank, die seit März 2012 an der Neonatologie der Kinderklinik in Großhadern besteht.[13] Das Angebot der Frauenmilchbank war knapp drei Viertel (74 %) aller Befragten bekannt, einem Viertel (25 %) dagegen unbekannt.

Da die Frauenmilchbank[14] aber erst im März 2012 eingerichtet wurde, besteht die Möglichkeit, dass diejenigen Mütter, deren Kinder im Jahr 2012 geboren wurden, noch nicht über das Angebot informiert waren. Daher werden nun Überlegungen angestellt, ob ein Zusammenhang zwischen dem Geburtsjahr des Kindes mit dem Nichtkennen des Angebots der Frauenmilchbank besteht.

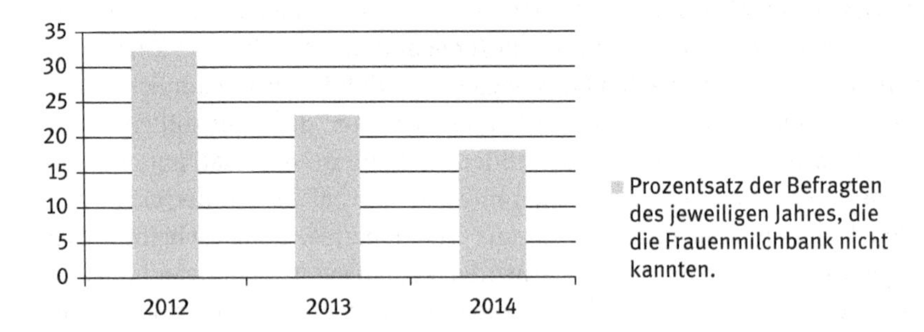

Abb. 4: Frauenmilchbank nach Geburtsjahr der Kinder; Personen, die die Frage mit „Nein" beantworteten (Frauenmilchbank nicht bekannt) in Bezug auf deren Anteil im jeweiligen Geburtsjahr (eigene Darstellung).

12 Dieser Themenbereich wurde bearbeitet von den Studierenden Dominik Hank, Markus Lüddemann, Sandra Straub, Corinna Wagner.

13 URL: http://www.klinikum.uni-muenchen.de/de/das_klinikum/zentrale-bereiche/weitere-informationen-presse/dossiers/frauenmilchbank_pm_fortsetzung/index.html (letzter Aufruf: 13.05.2015).

14 Die Frauenmilchbank war von Anfang an so konzipiert, dass vor allem Kinder mit einem Geburtsgewicht unter 1250 g mit Spendermilch versorgt werden, da diese das höchste Risiko einer nekrotisierenden Enterokolitis (entzündlichen Darmerkrankung) haben (ergänzende Information aus dem Klinikum Großhadern).

Es ist ersichtlich, dass der Anteil der Personen, die die Frauenmilchbank nicht kannten, im Jahr 2012 noch deutlich höher war (32 %) als in den Folgejahren 2013 (23,08 %) und 2014 (18,18 %). Außerdem ist sichtbar, dass der Anteil der Personen, die die Frauenmilchbank nicht kannten, von Jahr zu Jahr stetig gesunken ist.[15]

Es interessiert nun, wie viele von diesen Personen dieses Angebot auch nutzten. Die Auswertung ergab, dass von den 60 Personen, die das Angebot der Frauenmilchbank kannten, knapp zwei Drittel dieses auch nutzten. Wir richten den Blick darauf, inwiefern die Befragten, die das Angebot der Frauenmilchbank kannten und nutzten, damit zufrieden waren. Von den genannten Personen waren 90 % mit dem Angebot der Frauenmilchbank zufrieden und nur eine Person war unzufrieden. Die übrigen Mütter, die die Frauenmilchbank genutzt haben, trafen zu ihrer Zufriedenheit keine Aussage. Über die Hälfte der inhaltlichen Nennungen bekundeten die Zufriedenheit der Befragten bzw. ein Lob des Angebots der Frauenmilchbank. Es wurde dabei betont, dass die Versorgung der Frühchen mit Muttermilch sehr wichtig sei, dass dieses Angebot daher dankbar angenommen werde und alles gut funktioniert habe. Außerdem hob eine Person die Freundlichkeit und Kompetenz der zuständigen Schwestern hervor. Selbst Milch gespendet zu haben, gaben 32 % an. Als Grund nannte eine Person, dass „man das Gefühl hatte, trotz allem anderen zu helfen“. Das könnte heißen, dass das Spenden der Muttermilch sich zumindest für diese Person positiv auf deren psychische Befindlichkeit auswirkte.

Jene Person, die nicht mit der Frauenmilchbank zufrieden war, gab an, dass sie zu kurz und zu wenig darüber informiert wurde, wann und wie oft die Versorgung mit der Milch möglich sei.

4.3 Elternzimmer

Fast 83 % der Befragten kannten das Elternzimmer.[16] 70 % gaben an, das Zimmer genutzt zu haben. Sie waren zufrieden[17] mit dem Angebot, weil sie dort die Möglichkeit hatten, eine erforderliche Wartezeit zu überbrücken, bis sie wieder zu ihrem Kind durften. Darüber hinaus bot ihnen das Elternzimmer einen Rückzugsort zur Erholung i. S. einer „Oase“, in dem alles Notwendige vorhanden war.

Unzufrieden waren die Eltern, weil zu wenige Milchpumpen vorhanden waren, es kein Radio und keinen Fernseher im Zimmer gab und keine Liegeflächen zur Verfügung standen.

15 Ergebnisse der eigenen Fragebogenaktion.

16 Dieser und die folgenden Themenbereiche wurden bearbeitet von den Studierenden Marie-Louise Gabriel, Katja Hausdörfer, Viktoria Kaiser.

17 Freie Antwort.

4.4 Elternabende

80 % der Eltern waren die gemeinsamen Elternabende bekannt. 32 Eltern (fast 40 %) fanden das Angebot hilfreich, vier Eltern nicht. Der Großteil der Befragten machte keine Angaben.

Von den 32 Eltern, die das Angebot hilfreich fanden, wurden folgende Begründungen angegeben (inhaltliche Zusammenfassung):
- Austausch mit anderen Frühchen-Eltern
- Es hat Mut gemacht, dort Erfahrungen zu sammeln.

Diejenigen, die es wenig hilfreich fanden, gaben als Begründung an:
- zu wenig Tipps für zu Hause
- Man wurde von Informationen erschlagen.

Hier sieht man die unterschiedliche Wahrnehmung der befragten Eltern, die wahrscheinlich auf unterschiedlichen Erwartungen beruhte.

4.5 Elterncafé

Das Klinikum Großhadern bietet Frühchen-Eltern mit einem Elterncafé die Möglichkeit, sich mit anderen betroffenen Eltern auszutauschen und Kontakte zu knüpfen. Von den befragten Eltern gaben knapp 62 % an, von diesem Elterncafé gewusst zu haben. Etwa 38 % gaben an, dass ihnen dieses Angebot nicht bekannt war.

Von den Befragten, die das Elterncafé kannten, gaben 26 Eltern an, dass sie dieses besucht und als hilfreich empfunden hatten, 20 Eltern verneinten einen Besuch. Der Rest gab auf diese Frage keine Antwort. Nur wenige Eltern werteten das Café als nicht hilfreich. Fast alle Personen, die ihre Antwort begründeten, äußerten sich sehr positiv über das Angebot. So wurde z. B. der Austausch mit anderen Betroffenen als sehr angenehm und hilfreich beschrieben und bot den Frühchen-Eltern zusätzlich eine willkommene Abwechslung zum Klinikalltag.

4.6 Beobachtung per Webcam („Gute Nacht, mein Kind“)

Die Frühchenstation des Klinikums Großhadern bietet Eltern die Möglichkeit, zu Zeiten, in denen sie nicht bei ihrem Kind sein können, (z. B. nachts oder außerhalb der regulären Besuchszeiten) ihr Kind per Webcam zu beobachten. Knapp zwei Drittel der Befragten haben auf die Frage, ob ihnen diese Möglichkeit bekannt gewesen ist, mit Ja geantwortet. Das restliche Drittel wusste nichts von diesem Angebot.

Nur 16 % der Frühchen-Eltern haben das Angebot „Gute Nacht, mein Kind“ genutzt. Eine Erklärung für die geringe Inanspruchnahme könnte sein, dass es als zusätzliche Belastung angesehen wird, das Kind nur beobachten, aber nicht selbst tätig werden zu können. Es könnte zusätzlich auch als Ausdruck großen Vertrauens gegenüber den Pfleger(innen) sowie den Ärzten und Ärztinnen gesehen werden. Von den 13 Nutzern der Webcam waren zehn Personen von der Anwendung, die den Müttern ein ständiges Gefühl von Sicherheit vermittelte, überzeugt. Die negativen Antworten wurden u. a. mit einer defekten oder vom Pflegepersonal abgeschalteten Kamera begründet.[18]

4.7 Besuchszeiten

68 % der Befragten gaben an, mit den Besuchszeiten der Frühchenstation zufrieden gewesen zu sein, 31 % waren damit unzufrieden. So wurde beispielsweise positiv erwähnt, dass es möglich war, die Zeiten flexibel abzusprechen, sodass auch hin und wieder Ausnahmen gemacht werden konnten (z. B. aufgrund von Berufstätigkeit des Vaters), um das Frühchen zu besuchen. Auch bei den negativen Bemerkungen war die Zeit die Hauptursache. So empfanden viele Befragte die Besuchszeiten zu kurz oder eben ungünstig, um sie ausreichend nutzen zu können, z. B. für das Känguruhen oder Stillen. Auch die damit verbundene Trennung vom Kind wurde als jedes Mal schmerzhaft erwähnt. Bezüglich der Wunschbesuchszeiten hätten 44 % diese nicht geändert, während sich jedoch 37 % keine zeitliche Beschränkung gewünscht hätten. 13,6 % wollten diese in einem bestimmten Rahmen (von ... bis ...). So gaben viele an, dass sie sich Pausen zwischen den Besuchszeiten gewünscht hätten oder eben eine feste Anfangs- und Endzeit. Eine Mutter dagegen empfand die Besuchszeiten als Entlastung und als Schutz für sich selbst.

4.8 Geschwisterkurs

Großhadern bietet Frühchen-Eltern an, dass ihre Kinder an einem sogenannten „Geschwisterkurs“[19] teilnehmen können, um auf ihre künftige Rolle als großer Bruder oder große Schwester vorbereitet zu sein. 15 Befragte gaben an, dass ihnen dieses Angebot bekannt war, 13 beantworteten diese Frage mit Nein, der Rest gab keine Antwort. Da zuvor 25 Eltern angegeben hatten, dass es Geschwisterkinder in der Familie gibt, haben anscheinend einige Eltern, die außer dem/den Frühchen keine weiteren Kinder haben, auch Nein angekreuzt.

---

18 Die Neonatologie hatte technische Probleme mit dem System, die nun ausgeräumt sind.

19 URL: http://www.klinikum.uni-muenchen.de/Klinik-und-Poliklinik-fuer-Frauenheilkunde-und-Geburtshilfe-Grosshadern/de/perinatalzentrum/angebote/geschwisterkurs/index.html (letzter Aufruf: 13.05.2017).

In einem weiteren Schritt wurde gefragt, ob dieses Angebot auch genutzt wurde bzw. ob die Geschwister den Kurs besucht haben. Dabei antworteten nur noch drei Eltern mit Ja. Es stellt sich die Frage, warum das Interesse so gering war. Möglicherweise erschien das Angebot nicht attraktiv genug. Es könnte aber auch sein, dass viele Familien keine Notwendigkeit für dieses Angebot sahen. In einer untergliederten Frage führten fünf Befragte an, mit dem Angebot zufrieden gewesen zu sein, also mehr als die drei Befragten, die das Angebot auch in Anspruch genommen haben. So schien bereits das Vorhandensein des Angebots positiv bewertet zu werden.

5 Zufriedenheit mit der Station

Von allen Befragten gaben 83 % an, dass sie mit der Station zufrieden waren. Dabei spielten anscheinend die Angebote eine große Rolle. So erwähnten einige in der Befragung, dass sie bezüglich der zahlreichen Nutzungsmöglichkeiten positive Erfahrungen machen konnten, wie z. B. verschiedene Methoden des Stillens zu erlernen. Aber auch schriftliche Erfahrungen von anderen Frühchen-Eltern wurden zur Verfügung gestellt.

6 Freie Mitteilungen der Befragten

Am Ende dieses Fragenkomplexes wurde den Befragten die Möglichkeit gegeben, frei ihre Meinung, ihre Wünsche oder sich zu ihnen sonst wichtigen Themen zu äußern.[20] Die Frage lautete: „Hier ist nun noch Platz für alles, was Sie uns sonst noch mitteilen wollen“.

Der überwiegende Teil der Mütter war der Frühchen-Station in Großhadern sehr dankbar für all die Hilfe, die sie für sich und ihr Kind erhalten hatten. Einige Mütter waren davon überzeugt, dass ihre Kinder ohne diese Station wohl nicht überlebt hätten. Die Station wird als kompetent, unterstützend und fürsorglich beschrieben. Ausreichende Unterstützung vom Pflegepersonal sowie von Ärzten und Ärztinnen wird immer wieder hervorgehoben und gelobt. Bei einem Vergleich mit anderen Kliniken schnitt Großhadern besser ab. Die Mütter fühlten sich dort wohler als in anderen Krankenhäusern. Nur im Bereich der Überführung in andere Kliniken gab es Kritik: Es wurde eine bessere Organisation vonseiten der Klinik gewünscht. Die Mütter äußerten den Wunsch nach mehr Ruhe und privater Atmosphäre in Großhadern. Von den Ärzten und Ärztinnen der Station wünschten sich einige Mütter noch mehr Aufklärungsgespräche.

20 Dieser Themenbereich wurde bearbeitet von den Studierenden Denise Berger, Ulrike Katanek, Tamara Spötzl.

Zusammenfassend wurde die Frühchenstation in Großhadern bei fast allen Müttern als eine unterstützende, professionelle und sehr zufriedenstellende Station empfunden. Dies bestätigten auch die reichlichen Danksagungen im Fragebogen. Trotz des vielen Lobs und der Danksagungen an das Personal, die Abteilungen und das Krankenhaus wurden noch weitere Wünsche geäußert, z. B. nach homöopathischer Begleitbehandlung, nach mehr Austausch zwischen dem Krankenhaus und den späteren Kinderärzten und -ärztinnen (wegen Nachbehandlungen), weniger Bürokratie beim Besuch der Frühchen und nach einer sanfteren Entlassung.

Abschließend zeigt sich, dass viele der Befragten die Möglichkeit genutzt haben, sich an dieser Stelle noch einmal persönlich zu äußern. Diese Äußerungen waren überwiegend sehr positiv.

7 Einschätzung der ersten Zeit zu Hause

Das am häufigsten genannte Gefühl,[21] als das/die Frühchen zum ersten Mal aus dem Krankenhaus nach Hause kam/kamen, war Freude (83 %).[22] 69 % der Eltern äußerten eine große Erleichterung. Es wurden auch negative bzw. belastende Gefühle, wie Unsicherheit mit 59 % und die Sorge, ob die Eltern ohne ärztlichen Beistand mit dem Kind zurechtkommen, mit 37 % angekreuzt. Die Frage konnte auch offen beantwortet werden. Hier fällt auf, dass sieben Eltern antworteten, sie hätten Angst empfunden, als ihr Kind nach Hause kam. Weitere einzelne Antworten waren „Anspannung“, „Besorgnis aufgrund einer angespannten Wohnsituation“ und eine „anfänglich fehlende Bindung“.

Anhand einer Frage sollte ermittelt werden, welches die häufigsten gesundheitlichen Probleme von Frühchen sind, die nicht schon in der Klinik, sondern erst zu Hause auftreten. 19 Frühchen mussten nach ihrer Entlassung wieder in ein Krankenhaus gebracht werden.

Besonders interessierte, ob der Frühchenverein (Frühstart ins Leben e. V.) zu Hause als Unterstützung wahrgenommen wurde. 6 % bekamen viel Unterstützung, 14 % ausreichende Unterstützung und 10 % erhielten wenig Unterstützung durch den Frühchenverein. 21 % der Eltern wünschten sich explizit keine derartige Unterstützung.[23]

In Verbindung mit der vorhergehenden Frage wurde in insgesamt 13 Fragebögen eine individuelle Antwort auf die Frage nach der sonstigen Unterstützung gegeben. Die Gesamtzahl der inhaltlichen Antworten beläuft sich auf 14, da sich ein Befragter zu zwei Inhalten geäußert hat. Die verschiedenen Antworten wurden kategorisiert,

---

21 Freie Antwort.

22 Dieser Themenbereich wurde bearbeitet von den Studierenden Dominik Hank, Markus Lüddemann, Sandra Straub, Corinna Wagner.

23 Dieser Themenbereich wurde bearbeitet von den Studierenden Dunja Jocic, Thomas Reiner.

woraus sich Folgendes ergibt: Am häufigsten erhielten die Eltern Unterstützung durch die HaNa-Nachsorge.[24] An zweiter Stelle wurde die Unterstützung durch Harlekin[25] genannt.[26]

Unterstützung für die Frühchen-Eltern

Die tägliche Ungewissheit,[27] ob das eigene Kind den Tag überleben wird, ist eine traumatische Erfahrung für Eltern, die sie meist nur mit Unterstützung bewältigen können. Nicht nur das Personal des Krankenhauses, sondern auch Personen aus dem näheren Umfeld stehen hier zur Verfügung und können Unterstützung leisten. Oftmals erhalten Betroffene jedoch nicht die Unterstützung in dem Maße, wie sie nötig wäre. 33 % der Befragten, die bei der Frage nach dem Wunsch nach mehr Unterstützung zu Hause eine Angabe machten, hätten sich mehr Unterstützung von ihrer Familie gewünscht. Neben dem Partner, von dem sich 15 % mehr Unterstützung erhofft hatten, ist die Familie im näheren bis engsten Vertrauenskreis die wichtigste Stütze, die den Betroffenen Sicherheit und Mut spendet. Die Partner, meist die Väter der Frühchen, bilden oftmals das Bindeglied zwischen „Mutter mit Kind im Krankenhaus" und der Außenwelt. Neben den beruflichen Verpflichtungen sorgt dies für eine Mehrbelastung, die die Unterstützung der Mutter nicht fördert. 22 % der Befragten gaben an, dass sie sich mehr Unterstützung seitens des Klinikpersonals (Ärzte und Krankenschwestern) und 19 % seitens der nachbetreuenden Hilfsdienste (z. B. von Hebammen) gewünscht hätten. Eine oftmals sehr rationale und pragmatische Sichtweise des Fachpersonals erschwert es, Unterstützung auf emotionaler Ebene zu geben. Das nähere Umfeld beschränkt sich jedoch nicht auf die Familie und auf den Partner, sondern auch Freunde sind Teil des Vertrauenskreises. 11 % der Antworten beschrieben, dass sie sich mehr Unterstützung aus dem Freundeskreis gewünscht hätten.

Die Umfrage zeigt, dass 86 % der Befragten eine Aufklärung im Krankenhaus über die erste Zeit zu Hause für sinnvoll erachteten, 2 % gaben jedoch an, dass sie eine solche Aufklärung für nicht sinnvoll halten.[28] 11 % der Befragten gaben keine Antwort auf diese Frage. In Gegenüberstellung der Frage nach der Sinnhaftigkeit einer solchen Aufklärung im Krankenhaus gaben 67 % der Befragten an, dass sie eine solche während ihres Krankenhausaufenthalts nutzen konnten, während 17 % der Eltern angaben, dass sie keine Gelegenheit dafür hatten. Von weiteren 16 % blieb diese

24 URL: www.klinikum.uni-muenchen.de/Klinik-und-Poliklinik-fuer-Frauenheilkunde-und-Geburtshilfe-Grosshadern/de/perinatalzentrum/nachsorge/index.html (letzter Aufruf: 13.05.2017).
25 URL: https://harlekin-nachsorge.de/ (letzter Aufruf: 13.05.2017).
26 Einzelne Antworten werden aus Datenschutzgründen nicht genannt.
27 Die Auswertung dieses Themas wurde verfasst von Dunja Jocic und Thomas Reiner.
28 Die folgenden Fragen hatten mehrere Ebenen: zum einen die Frage, wie sinnvoll bestimmte Hilfen wären und zum anderen, ob diese Hilfen vorhanden waren und genutzt werden konnten.

Frage unbeantwortet. Die große Zahl der Befürworter, die sich für eine Aufklärung im Krankenhaus aussprachen, spiegelt auch die große Unsicherheit der Eltern wider, bevor sie mit ihrem Neugeborenen nach Hause dürfen. Im Krankenhaus soll hierbei versucht werden, den Eltern Sicherheit durch Aufklärung zu bieten, jedoch können nicht alle Angehörigen und besonders Elternteile gleichermaßen effizient vom Klinikpersonal erreicht werden.

Für die erste Zeit zu Hause hielten 90 % der Fragebogenteilnehmer(innen) einen Kinderarzt oder eine Kinderärztin, der/die auf Frühchen spezialisiert ist, für sinnvoll, während 2 % der Befragten dies für nicht sinnvoll erachteten und 7 % diese Frage nicht beantworteten. Im Vergleich zur Frage der Sinnhaftigkeit konnten 64 % der am Fragebogen teilnehmenden Eltern die Dienste eines solchen Kinderarztes oder einer Kinderärztin nutzen, während 19 % der Befragten dies nicht konnten. Weitere 17 % der Befragten ließen diese Frage ohne Antwort.

84 % der Befragten gaben an, dass sie eine Haushalts- oder Familienhilfe für sinnvoll halten, während 7 % der Befragten dies als weniger sinnvoll erachteten. 9 % der Befragten beantworteten diese Frage nicht. Lediglich knapp 10 % der Befragten gaben an, dass sie eine Haushalts- oder Familienhilfe als Unterstützung in der ersten Zeit zu Hause hatten oder haben, während nahezu 73 % der Fragebogenteilnehmer(innen) ohne eine Haushalts- oder Familienhilfe auskommen mussten. Unbeantwortet blieb diese Frage von 17 % der Befragten. Die Diskrepanz zwischen der Befürwortung und dem tatsächlichen Nutzen dürfte in der Finanzierung begründet sein, d. h. wie eine solche professionelle Hilfskraft finanziert wird und ob die Unterstützung von Amts wegen überhaupt genehmigt wird.

Eine Notfallnummer, an die man sich 24 Stunden täglich wegen Fragen bezüglich des Frühchens wenden kann, erachteten 91 % der befragten Eltern für sinnvoll. 2 % der Befragten gaben an, dass sie das nicht für sinnvoll halten. Ob sie eine solche Notfallnummer nutzen konnten, bejahten 31 % der Befragten, während 51 % der Befragten die Notfallnummer nicht nutzen konnten.

Bei der Frage, ob sie eine medizinische Versorgung, die ins Haus kommt (z. B. zur Physiotherapie oder Kinderarzt/-ärztin), für sinnvoll erachteten, antworteten 84 % der Befragten mit Ja und 7 % der Befragten mit Nein. Eine medizinische Versorgung im Rahmen eines Hausbesuchs in Anspruch nehmen konnten 31 % der Fragebogenteilnehmer(innen), für 51 % war das nicht möglich.

Gespräche mit anderen Frühchen-Eltern hielten 79 % der Befragten für die erste Zeit zu Hause für sinnvoll, während 12 % angaben, dass sie dies nicht wichtig fanden. Nutzen konnten 51 % der Befragten die Gespräche mit anderen Frühchen-Eltern, wohingegen dies für 32 % nicht möglich war.

Ein Großteil der Befragten sprach sich für einen weiteren Kontakt mit anderen Frühchen-Eltern aus, und die Mehrheit gab an, diesen auch tatsächlich zu pflegen, jedoch gaben auch 32 % der Teilnehmer(innen) an, Gespräche mit anderen Frühchen-Eltern nicht zu nutzen. Dies ist möglicherweise bedingt durch ihre Erfahrungen während des Klinikaufenthalts. Man kann vermuten, dass manche Eltern die

Erfahrung dieser Krisensituation, die Angst, das eigene Kind zu verlieren, verdrängen und vergessen wollen, weshalb sie lieber keinen Kontakt zu anderen Frühchen-Eltern pflegten. Oder die Eltern wollten sich nicht zusätzlich mit den tragischen Geschichten anderer Frühchen-Eltern belasten.

Einen Babysitter, der spezialisiert für Frühchen ist, hielten 49 % der Befragten für sinnvoll, während 40 % einen Babysitter als nicht sinnvoll erachteten. 11 % der befragten Frühchen-Eltern ließen diese Frage unbeantwortet. Knapp 10 % der Befragten gaben an, dass sie in der ersten Zeit zu Hause einen entsprechenden Babysitter zur Betreuung des Kindes hatten, während 68 % keinen solchen Babysitter in Anspruch nehmen konnten.

Andere Unterstützungsformen konnten 6 % der befragten Eltern nutzen. Für 87 % der Befragten war diese Frage nicht relevant und wurde deshalb nicht beantwortet. Hervorgehoben wurde von denen, die diese Frage beantwortet haben, die häusliche Nachsorge von Kinderkrankenschwestern und Hebammen, die Erfahrungen mit Frühchen haben. Erwähnt wurden auch die psychologische Betreuung nach dieser traumatischen Lebensphase sowie Dienste, die den Alltag erleichterten.

8 Schlussfolgerungen

Aus den dargestellten Ergebnissen lassen sich folgende Schlussfolgerungen ziehen, die für eine Umsetzung auf der Station wünschenswert wären:

1. Nicht alle Angebote vom Klinikum Großhadern in der Neonatologie waren gleich gut bei den befragten Eltern bekannt. Deshalb sollte es eine systematische Information geben, z. B. durch einen Flyer, der allen Eltern ausgehändigt wird, in dem alle Angebote und Ansprechpartner(innen) aufgeführt sind.
2. Die Angebote wurden unterschiedlich bewertet: Was manche Eltern als zu viel an Informationen empfanden, sahen andere Eltern als zu wenig an. So könnte man beispielsweise die Informationsabende staffeln: An einem ersten Termin werden nur grundlegende Informationen gegeben. Zusätzlich erhalten diejenigen Eltern ein weiteres Angebot, denen dies nicht gereicht hat.
3. Die Ausstattung sollte z. B. mit „guten" Liegestühlen noch ergänzt werden.
4. Bei den Besuchszeiten sind die Antworten zu unterschiedlich: Es gibt diejenigen, die stets ihr Kind besuchen wollen oder die mehr Flexibilität z. B. für berufstätige Väter fordern. Andere empfinden die zeitliche Begrenzung als Entlastung. Deshalb ist es schwierig, allen Eltern ein für sie passendes Angebot zu machen, da individuelle Zugeständnisse anderen Eltern das Gefühl der Benachteiligung geben könnten.
5. Das Angebot von Fachkräften wie Psycholog(inn)en oder Sozialpädagog(inn)en war nicht immer ausreichend vorhanden. Es wäre gut, wenn gerade diese beiden Professionen ständig auf der Station vertreten wären und als

Ansprechpartner(innen) für die Eltern dienen und somit das medizinische und pflegerische Personal entlasten könnten.

6. Manche Angebote wurden auch von Eltern positiv bewertet, obwohl sie von diesen nicht genutzt wurden. Das könnte bedeuten, dass allein die Möglichkeit, diese Angebote nutzen zu können, schon wertschätzend wahrgenommen wird. Dies spricht zusätzlich für die neu eingerichteten Unterstützungsangebote.
7. Obwohl vielfach die Nachsorge positiv erwähnt wurde (zumeist HaNa),[29] geben viele Eltern an, dass sie sich für zu Hause noch mehr Unterstützung gewünscht hätten. Der Übergang vom Klinikum nach Zuhause wird an manchen Stellen kritisch bewertet. So müssten hier alle Eltern je nach Situation ausreichend informiert werden. Ebenso müsste man das Nachsorgekonzept nochmals überarbeiten und überlegen, wie alle Eltern davon erreicht werden können.
8. Insgesamt allerdings kann festhalten werden, dass trotz mancher Verbesserungswünsche die Ergebnisse für die Ärzte und Ärztinnen und das Pflegepersonal der Station sehr positiv ausfallen.

29 URL: www.klinikum.uni-muenchen.de/Klinik-und-Poliklinik-fuer-Frauenheilkunde-und-Geburtshilfe-Grosshadern/de/perinatalzentrum/nachsorge/index.html (letzter Aufruf: 13.05.2017).

Elisabeth Fay, Laura Gerken, Sonja Olwitz,
Regina Thalhammer und Andrea Windisch

Pflegerische Versorgungsmethoden speziell für Frühchen unter Einbindung der Eltern am Beispiel von NIDCAP®

Frühchen reagieren sehr empfindlich auf ihre Umgebung und die Versorgung. Zudem sind Frühchen-Eltern während der Klinikzeit stark belastet. In diesem Beitrag wird ein Konzept vorgestellt, das besonders sensibel auf die besondere Situation von Frühchen eingeht, die Eltern bei der Versorgung des Frühchens miteinbezieht und das Pflegepersonal als Begleiter der Eltern betrachtet.

1 Grundlagen des NIDCAP®-Konzepts

Das Konzept NIDCAP® („Newborn Individualized Developmental Care and Assessment Program" Als/McAnulty 2011: 288) wurde von der Neuropsychologin Prof. Heidelise Als an der Universität Boston (USA) für die intensivmedizinische Betreuung von frühgeborenen Kindern entwickelt. Bei zu früh geborenen Kindern wird die intrauterine Entwicklung vorzeitig abgebrochen und die Reifung des Kindes muss außerhalb des Uterus fortgesetzt werden. Die extrauterinen Bedingungen sind allerdings nicht optimal, weshalb es zu verschiedenen gesundheitlichen Beeinträchtigungen kommen kann.

Ziel des NIDCAP®-Konzepts ist es, den zu früh geborenen Kindern trotz der suboptimalen Bedingungen durch die Frühgeburt eine weitestgehend nachteilsfreie Entwicklung zu ermöglichen. Kennzeichen des ganzheitlichen Konzepts sind die Entwicklungsförderung, die Familienzentrierung und die individuelle Betreuung, um die Stress erzeugenden Faktoren auf ein Minimum zu reduzieren und die physiologische Entwicklung bestmöglich zu fördern (Tesch 2011: 59).

Dabei spielen der Umgang durch Hautkontakt sowie die intensive Elternintegration eine besondere Rolle (Als/McAnulty 2011). Im diesbezüglichen Trainingsprogramm führt Als als Schwerpunkte außerdem die angemessene physische Umgebung im Intensivbereich, die Abstimmung von medizinischen und pflegerischen Interventionen der Situation von Kind und Familie angemessen sowie die Unterstützung durch ein multiprofessionelles Team an, wie z. B. Physiotherapeut(inn)en, Sozialarbeiter(innen) und die Ernährungsberatung (Als 2017: 5).

Als (1982) stellt zunächst die Entwicklung sowie die Entwicklungs- und Regulationsfähigkeit des kindlichen Systems in den Vordergrund ihrer Modellentwicklung,

DOI 10.1515/9783110525717-003

betont in der Folge jedoch stärker die Ergebnisse und schlägt somit eine naturwissenschaftliche bzw. neurowissenschaftliche Perspektive ein (Als et al. 1986; Als et al. 2012).

Der philosophische Aspekt kommt neben der systemtheoretischen Grundlegung im Konzept des „Lesens des Frühgeborenen" zum Tragen: Im Lesen des Frühgeborenen und im Vertrauen in die Bedeutsamkeit seines Verhaltens begründet sie ein beziehungsbezogenes, kollaboratives Rahmenkonzept. Kinder und ihre Familien werden als kontinuierlich ihre Entwicklung strukturierende und koregulierende Systeme gesehen. Im Lesen des Frühgeborenen zeichnet sich implizit eine Haltung ab, auch wenn es sich explizit auf beobachtbares Verhalten anhand eines Bewertungsverfahrens bezieht (Als 1999).

Neuere Studien zur Umsetzung von NIDCAP® betonen die Ergebnisse und sprechen teilweise von „philosophy", allerdings eher im Sinne eines Konzepts/einer Handlungsanleitung, weniger im Sinne einer Haltung (Sizun et al. 2010; Pierrat et al. 2012). Legendre et al. (2011) verstehen NIDCAP® als anpassbares Verfahren und als eine Philosophie individualisierter entwicklungsfördernder Pflege, welche auf Intensivstationen angewendet wird. Implizit weist NIDCAP® in der Literatur sowohl inhaltliche als auch begriffliche Bezüge zur Philosophie auf; eine Bearbeitung unter philosophischer Perspektive fehlt jedoch.

Über die Wirksamkeit von NIDCAP® besteht bislang keine umfassende Evidenz. Verhaltensänderungen oder nicht standardisierbare Interventionen wie die Umgebungsgestaltung oder Beziehungen entziehen sich der Erforschbarkeit im Rahmen randomisiert kontrollierter Studien. Über Einzelaspekte von NIDCAP® wurden Studien durchgeführt, die positive Ergebnisse, vor allem auch im Bereich des Vertrauens und der Elternkompetenz, aufweisen (Als/McAnulty 2011: 11). Indirekt allerdings lassen sich Hinweise auf die Bedeutsamkeit von NIDCAP® aus den schädigenden Effekten konventioneller Neugeborenenintensivstationen und ihrer Umgebungsbedingungen auf die Frühgeborenen ableiten. Zudem haben Neurophysiologie und Verhaltensforschung Erkenntnisse zur frühkindlichen Entwicklung hervorgebracht, die Schlüsse auf die natürlichen Bedürfnisse von Frühgeborenen zulassen (Als/McAnulty 2011: 2). Vor allem den Aspekten der Lebensqualität von Frühgeborenen sowie der Koregulation von Eltern und Kindern müsste sich künftige Forschung widmen, zumal neurologische Erkenntnisse das Verständnis für die Entwicklung Frühgeborener erweitert haben, sodass man ihnen heute die Fähigkeit zur Selbstregulation zuspricht und die Eltern als primäre lebenslange Koregualtoren ansieht (Als/McAnulty 2011: 1 f.).

Der von Heideliese Als entwickelte Ansatz wird seit etwa drei Jahrzehnten in den USA angewendet (Rist 2011: 254), in Deutschland ist er kaum bekannt (Rist 2011: 257). In diesem Beitrag wird eine Umsetzung dieses Konzepts im Salzburger Landeskrankenhaus dargestellt.

2 Umsetzung von NIDCAP®

In den Kapiteln 2.1 bis 2.6 werden die einzelnen Aspekte von NIDCAP® genauer betrachtet.[1]

2.1 Sinneswahrnehmungen

Obgleich frühgeborene Kinder nicht komplett entwickelt sind, reagieren sie empfindlich auf Reize. Im Rahmen des NIDCAP®-Konzepts wird dieser Ressource daher besondere Aufmerksamkeit geschenkt (Als/McAnulty 2011). Berührung und Ernährung spielen dabei eine wichtige Rolle. Besondere Bedeutung im Bereich der Sinneswahrnehmung hat der Geruchssinn. Dieser ist bereits ab der 25. SSW ausgeprägt, sodass sich das frühgeborene Kind an den Geruch der Mutter erinnern kann (Zeilen 140 ff.).[2] Diesen bringt die Expertin mit dem Gefühl der Geborgenheit in Verbindung (Zeilen 144 ff.). Bekannter Geruch und Geschmack würden sich für das Kind auch bezüglich der Muttermilch wiederholen (Zeilen 131 ff.). Vergleichbar ist dies mit der akustischen Wiedererkennung hinsichtlich der mütterlichen Stimme (Zeilen 151 ff.). Diese Vertrautheit mit Geruch und Stimme sei darüber hinaus wesentlich notwendig für die Weiterentwicklung des Kindes. „[...] Wenn ich im kompletten Nichts und in der Fremde bin und nichts kenne, dann bin ich ja verloren und dann schließ ich mich ab und dann mach ich keine Entwicklung.“[3] (Zeilen 151 ff.)

Im Bereich des Sehens ist die Studienlage noch lückenhaft (Zeilen 236 ff.). Für die Gestaltung der Umgebung gilt daher die intrauterine Umgebung als Vorbild (Zeilen 240 f.).

2.2 Ernährung

Zur entwicklungsfördernden Pflege nach dem NIDCAP®-Konzept gehört für die Expertin die dem Kind angemessene Ernährung genauso wie die Gestaltung der Umgebung (Zeilen 1044 ff.). So werden die Zusammensetzung der Nahrung, der Zeitpunkt und die Form der Nahrungsaufnahme – oral oder per Sonde – individuell an das Kind

1 Es wurden Expert(inn)eninterviews mit der projektleitende Oberärztin und einem Pflegeexperten für Intensivpflege DKKS des Landeskrankenhauses Salzburg geführt, welches NIDCAP® in der Praxis umsetzt. Die Interviewaussagen wurden nach dem Erhebungszeitpunkt durch die projektleitende Oberärztin mit zusätzlichen Informationen ergänzt.

2 Die Zeilenangaben beziehen sich auf die unveröffentlichten transkribierten Expert(inn)eninterviews, die im Rahmen eines Masterseminars der Katholischen Stiftungshochschule unter der Leitung von Prof. Dr. Michaela Gross-Letzelter durchgeführt wurden.

3 Alle Zitate sind wörtlich übernommen.

angepasst (Zeilen 958 ff.). Diese Maßnahmen wurden im Zuge der Einführung von NIDCAP® umgesetzt, sind aber noch nicht in der gesamten Einrichtung üblich. Die Muttermilch wird je nach Bedarf des Frühchens mit Eiweiß, Kalzium und Phosphor angereichert (Zeilen 1048 ff.). Vor NIDCAP® lag der Fokus vor allem auf einer möglichst hohen Trinkmenge, weshalb es zu falschem Ehrgeiz unter den Pflegenden kam (Zeilen 962 ff.). Da man beobachtete, dass die Kinder nach dem Trinken oftmals sehr erschöpft waren (Zeilen 958 ff.), sondiert man die Nahrung heute bedarfsgerecht (Zeilen 967 ff.). „[...] Ich habe nichts davon, wenn ich dem Kind das reinschütte und die Kinder sind nachher wirklich völlig fertig." (Zeilen 964 ff.) Der Expertin ist es darüber hinaus auch wichtig, eine gewisse Reihenfolge einzuhalten. Zuerst soll die Körperpflege durchgeführt werden, danach folgt die Nahrungsaufnahme (Zeilen 976 ff., 981 f.).

2.3 Berührung

Die Haut ist das größte Sinnesorgan (Zeile 623). Ihr kommt besondere Bedeutung zu, da sie mit der Funktion der Begrenzung beziehungsweise Abgrenzung zur Außenwelt auch die Identität eines Menschen stiftet. „[...] Wenn ich meine Grenzen kenne, dann habe ich meine erste Identität." (Zeile 629) Dies erzeugt Sicherheit, was wiederum die Basis für die Weiterentwicklung des Kindes ist (Zeile 692). „[...] Dadurch, dass die Geborgenheit der umgebenden Plazenta wegfällt [...]," (Zeile 647, Zeilen 640 f.) [ist] „die Entwicklung gestört." (Zeile 646) Die Expertin benennt die daraus resultierenden Erkenntnisse in Bezug auf den direkten Kontakt mit dem Kind (Zeilen 614 f.) als „das eigentliche NIDCAP®" (Zeile 649). Dem Kind fehlt die Kraft, diese Grenzen selbst – beispielsweise durch Bewegung – zu erfahren (Zeilen 634 f.) und sich somit auch zu beruhigen (Zeile 688). Wie man das Kind berührt, ihm Grenzwahrnehmung durch Hautkontakt ermöglicht und es dahingehend unterstützt (Zeilen 655 ff.), hat demzufolge entscheidende Auswirkungen auf die Kindesentwicklung. Ein ängstliches Kind kann kaum wahrnehmen, was die Umwelt an Reizen bietet, wenn es ständig erschrickt oder Angst hat (Zeilen 694, 696 ff.).

Als ein Beispiel dafür, wie sich durch NIDCAP® ihre tatsächliche ärztliche Praxis veränderte, benennt die Expertin das Vorgehen bei der Erstuntersuchung eines Kindes:

„[...] Ich hab heute ein Neugeborenes untersucht, und ich mach das nicht mehr wie früher, dass [...] das Neugeborene vor mir nackt da hingelegt wird, damit ich das abhorchen kann," (Zeilen 806–808) „sondern ich untersuche das Neugeborene am ersten Lebenstag, [...] bei der Mama beim Stillen und halte nur das Stethoskop hin, schaue die Hautfarbe an [...]." (Zeilen 810 f.) Sie kann sich heute nicht mehr vorstellen, diese Untersuchung anders durchzuführen (Zeilen 814 f.).

Auch aus rein medizinischen Gründen sei das frühere Vorgehen widersinnig und „grauenhaft" (Zeile 826), da das Kind – der Kälte und Fremde ausgesetzt – eine erhöhte Herzfrequenz habe (Zeilen 814 f.). Vor ihrer Weiterbildung in NIDCAP® hat sie dieses Vorgehen nicht infrage gestellt (Zeilen 816 f., 819 f.).

2.4 Einbindung der Eltern

Eine weitere Kategorie im Konzept NIDCAP® bildet die Wertschätzung der Familie. Die Eltern werden soweit wie möglich in die Versorgung ihres Kindes integriert. Hierfür findet bereits, wenn möglich, eine Vorbereitung der Eltern vor der Geburt statt. „[...] Unsere Case-Managerin, die mit einem Köfferchen runtergeht, die Eltern schon mal darauf vorbereitet, wie das aussieht, hat auch ein paar Dinge mit, damit sie ihnen zeigt, damit man nicht so schockiert ist." (Zeilen 606–608)

Es wird deutlich, dass eine offene und wertschätzende Haltung gegenüber den Eltern ein bedeutsamer Bestandteil des Konzepts ist, durch die der Aufbau der Eltern-Kind-Beziehung umfassend gefördert wird. „[...] Wir versuchen, die Eltern maximal zu integrieren und ‚maximal' – das Wort kann man wirklich fett schreiben [...] – weil die Eltern machen es besser wie wir." (Zeilen 328–331) Den Eltern ist es jederzeit möglich, ihr Kind zu besuchen und zu versorgen. Sie erhalten hierfür eine elektronische Eintrittskarte als Schlüssel für die Station. „[...] Also die Eltern haben 24 Stunden Besuchszeit, die haben einen Schlüssel für die Station. Dürfen jederzeit kommen, brauchen nicht läuten und können natürlich jederzeit bei ihrem Kind sein." (Zeilen 28–30)

Auch die Kompetenzen der Eltern werden von Beginn an gefördert. Sie übernehmen soviel wie möglich bei der Versorgung ihres Kindes und gehen so – nach Einschätzung vom Pflegeexpert(inn)en – in ihrer Rolle gestärkt als kompetente Eltern nach Hause. „[...] Es hat noch nie Probleme gegeben, und die gehen kompetent nach Hause, weil ich ihnen von der ersten Sekunde an Kompetenz gebe." (Zeilen 729–731) Zwischen den Eltern und den Pflegekräften besteht ein gutes Verhältnis auf Augenhöhe, das von Vertrauen geprägt ist (Zeilen 338–340). Die Pflegekräfte gehen auf die Eltern zu und ermutigen sie, bei der Versorgung mitzuwirken. „[...] Welchen Part die dann übernehmen, [...] da schaut man, welche Bedürfnisse die Eltern haben. Aber die werden bei uns eingeladen, [...] wir rufen die Eltern an." (Zeilen 884–887) Es wird bei der Betreuung der Eltern auf deren individuelle Bedürfnisse geachtet, aber auch die Geschwisterkinder werden in die Betreuung einbezogen. „[...] Die Kinder dürfen auch mit ihren Geschwistern kuscheln, dürfen bei der Betreuung anwesend sein." (Zeilen 584–586) Das Konzept ermöglicht eine ideale Förderung des familiären Systems. „[...] Mama und Papa, Bruder und Schwester, und die haben gekuschelt, die haben gemeinsam die Betreuung gemacht. Ja, so wie es bei der Familie halt auch zu Hause wäre." (Zeilen 596–598)

Das Thema „Macht" wiederum darf in dem Betreuungskonzept keine Rolle spielen. „[...], dass das Kind zu den Eltern gehört und nicht Machtspielchen der Pflegepersonen oder Ärzte [...] nicht Macht ausspielen zu können und den Eltern verbieten, bei ihren Kindern zu sein." (Zeilen 331–334) Die Eltern sollen sich stattdessen auf der Station erwünscht und wohlfühlen (Zeilen 1069–1071). Hierfür wird versucht, eine Kontinuität in der pflegerischen Betreuung zu gewährleisten. Ein sogenanntes Kernteam (Zeilen 173–174) dient den Familien als erste Ansprechstation. „[...] Da versucht man wirklich, eine gewisse Konstanz einzuhalten, dass die Eltern während des Aufenthalts nicht das gesamte Team kennenlernen, sondern wirklich ein Kernteam betreut die Familien." (Zeilen 166–168)

Für die Eltern ist das Konzept NIDCAP® aus Sicht vom Pflegeexpert(inn)en bereits zu einer Selbstverständlichkeit geworden. „[...] Die kennen nichts anderes, die werden, die sind nur extrem enttäuscht und schockiert, wenn sie verlegt werden. [...] Das ist ganz normal für unsere Eltern." (Zeilen 568–570, 574) Diese intensive Einbindung der Eltern bzw. der Familie bei der Betreuung ihrer Kinder ermöglicht eine problemlose Entlassung (Zeilen 622–624). Nach der Entlassung bricht die Betreuung nicht sofort ab, sondern wird weitergeführt (Zeilen 633–635).

2.5 Betreuung

Der Begriff „Betreuung" im Kontext des Umgangs mit dem Kind und seiner Familie durchzieht das Interview. Die Betreuung kann durch die Pflegekraft allein (Zeile 84) oder mit den Eltern/der Familie bzw. dem NIDCAP®-Professional[4] (Zeilen 95, 895 f., 940–953) und letztlich durch die Eltern/die Familie selbst (Zeile 884), auch interdisziplinär (Zeilen 107, 605), durchgeführt werden und bezieht sich auf den gesamten Prozess von der Vorbereitung bis zur Nachsorge (Zeilen 602–638) und über alle medizinischen Maßnahmen hinweg (Zeilen 946 f.). „[...] Und des rauszukriegen, drum a Philosophie, dass des die Eltern sind, dass die zu ihren Kindern gehören, dass wir nicht nach Zeitplan Betreuungen machen, dass die Ärzte bei uns nicht hingehen und des Kind untersuchen, sondern [es] wird zuerst zu den betreuenden Personen gegangen, Eltern oder zu den Pflegepersonen, die jetzt zuständig sind, ob's jetzt passt." (Zeilen 997–1002) Das Gestaltungselement der Betreuung ist der Uterus; dieses Milieu versucht man nachzuempfinden, indem man den Familien die basalen Dinge wie Kuscheln, Hautkontakt etc. ermöglicht (Zeilen 1047 f.).

Von der konventionellen Betreuung unterscheidet sich die Betreuung mit NIDCAP® durch die Philosophie (Zeilen 684–687). Die konkrete pflegerische Intervention ergibt sich aus der Einstellung/der Haltung und dem passenden Zeitpunkt für Kind und Familie (Zeilen 317–342). Sie ist gekennzeichnet durch Integration und Partizipation, „[...] und da versuchen wir auch so empathisch wie irgend möglich mit der maximalen Integration der Eltern dahinzugehen, und des ist die Philosophie."

4 NIDCAP®-Professionals sind speziell für das Konzept NIDCAP ausgebildete und zertifizierte Pflegeexperten.

(Zeilen 1013–1015) Insgesamt wird die pflegerische Intervention als Deintensivierung bezeichnet, bei der Zugänge und ähnliche Gerätschaften von Intensivstationen abgebaut werden und stattdessen die Familien da sind und das Kind betreuen und dies besser machen als die Professionellen (Zeilen 791–797).

Die Beziehung zwischen Professionellen, insbesondere der Pflege, und den Patienten bzw. deren Familien basiert auf gegenseitigem Vertrauen (Zeilen 739–743). Dabei spielt es eine wesentliche Rolle, dass Eltern die elektronische Eintrittskarte als Schlüssel zur Station haben, in Eltern-Kind-Zimmern oder in einem Zimmer des Elternrefugiums in der Nähe der neonatologischen Station übernachten können und benachrichtigt werden, wenn die Kinder betreut werden (Zeilen 28–36, 861–887, 316–342). Die Beziehung zwischen Eltern und Kind hat oberste Priorität, ihr werden die Ressourcen in erster Linie zur Verfügung gestellt (Zeilen 556 f.). Dadurch werden auch Limitationen in der Bezugspflege, die sich durch Arbeitszeitregelungen ergeben, reduziert.

Die Pflegebeziehung mit NIDCAP® ist eine Beziehung grundsätzlich maximaler Integration der Eltern bzw. der ganzen Familie einschließlich der Geschwister, getragen von einer Haltung, dass die Eltern die besseren Pflegenden sind (Zeilen 328–342, 582–598, 1012–1017). Die professionell Pflegenden arbeiten so, dass sie sich selbst quasi überflüssig machen und zurückziehen. „[...] Die gehen ganz kompetent nach Hause, und es dauert nicht lange, [dann] können wir die Kinder als Pflegepersonen [...] nicht mehr so betreuen wie die Eltern." (Zeilen 723–725). „[...] Aber des is unser Ziel, alles den Eltern soweit abzugeben." (Zeilen 764) Dies setzt eine starke Empathie, ein umfassendes Einlassen auf die Familien, deren individuelle Bedürfnisse und Rhythmen, hohe Selbstreflexion und soziale Kompetenz voraus (Zeilen 861–887). „[...] Wir versuchen, sie da abzuholen, wo sie stehen, des geht bei manchen ganz schnell, wo man selber a bissl, woah, des ist jetzt fast zu schnell für mich jetzt, und nicht für die Eltern, für die passt's ganz genau." (Zeilen 864–867) Das Machtgefälle zwischen Professionellen und Klienten wird aktiv relativiert (Zeilen 332 f., 358), auch dadurch, dass das Kind den Rhythmus vorgibt und grundsätzlich keine von außen gesetzten Ziele zu erfüllen hat (Zeilen 697–718). Dennoch besitzen pflegende Fachpersonen spezialisiertes Wissen und sind mit fachbezogenen Methoden und Instrumenten ausgestattet. Ihnen wird zugestanden, von Standards abzuweichen und in der konkreten Situation individuelle Entscheidungen zu treffen (Zeilen 447–461, 697–718, 918–932).

Die Grundlagen für professionelle Entscheidungen, Umgebungsgestaltung und Handeln basieren auf einer kontinuierlichen Aneignung, gleichsam einem Einleben in die NIDCAP®-Philosophie, wobei alle im Team an einem Strang ziehen (Zeilen 52–71, 1005 f.). Insbesondere die NIDCAP®-Professionals versuchen, die individuelle Sprache des Kindes so zu übersetzen, dass jeder, d. h. Kolleg(inn)en und Eltern, sie verstehen kann (Zeilen 371 f., 389–398). Die Pflege konzentriert sich hier wesentlich auf die Beobachtung des Kindes und das Einlassen darauf, wie das Kind sich zu einem bestimmten Zeitpunkt zeigt. Hinzu kommt die Betreuung zusammen mit der Familie unter strikter Orientierung an den Bedürfnissen und Ressourcen des Kindes sowie unter Rücksichtnahme auf die Ressourcen, Bedürfnisse und Wünsche der Eltern und Familien (Zeilen 89–95,186–188, 317–342, 697–718). Die Hilfe gegenüber dem Kind wird primär verstanden als eine Unterstützung bei der Selbstregulation und kommt subsidiär zum Tragen, wenn eine solche nicht möglich ist (Zeilen 346–359).

2.6 Bauliche Gestaltung der NIDCAP®-Elemente

Auf Basis dieser theoretischen Grundlagen beinhaltet NIDCAP® u. a. eine Geborgenheit fördernde bauliche Gestaltung. Neben dieser nehmen die Mitarbeiter(innen) eine verantwortungsvolle Rolle ein, indem sie neben diagnostischen Aufgaben wie der Beobachtung auch Beratungs- und Anleitungsaufgaben übernehmen, um Eltern von Beginn an zu integrieren. Im Folgenden werden diesbezüglich Umsetzungsmöglichkeiten und Auffälligkeiten erläutert.

Basierend auf der Annahme, dass die Wahrnehmung der Umgebung und die Vermittlung von Geborgenheit maßgeblich zur Entwicklungsförderung des Kindes beitragen, wurde die bauliche Gestaltung an intrauterine Vorstellungen angepasst. Die Gestaltung der Umgebung nach NIDCAP® nimmt dabei grundsätzlich „[...] auf die Reife des Kindes [...] Rücksicht." (Zeile 884). Dabei spielen vor allem individuelle Lichtverhältnisse sowie die räumliche Nähe zwischen Mutter/Eltern und Kind eine Rolle.

Die befragte Ärztin verweist darauf, dass es noch keine schlüssigen Erkenntnisse zu einer entwicklungsfördernden Lichtanpassung gebe (Zeilen 236 f.), allerdings orientiert sich das Salzburger Landeskrankenhaus an der intrauterinen Umgebung, die „auf jeden Fall dunkel" (Zeile 241) wäre. Trotz eines Augenschutzes (Zeile 279) sei ein „gewisser Lichteinfall" (Zeile 242) aber für die „normale Sehentwicklung" (Zeile 242) notwendig. Auch intrauterin ändert sich die Lichtintensität je nach Tagesverlauf (Zeilen 288 ff.). Um diesen Ansprüchen gerecht zu werden, dimmt das Personal das Licht (Zeilen 246) über stufenweise abzudunkelnde Vorhänge (Zeilen 252 ff.) sowie über Baldachine, die über die Wärmebetten geworfen werden (Zeile 267). Auf ein abgedunkeltes Umfeld achtet man auch, wenn die Mutter das Kind beim „Kangarooing"[5] (Zeile 277) betreut.

Die Räume sind so gestaltet, dass eine „unmittelbare Nähe" (Zeile 182) von Mutter und Kind auf der gleichen Station möglich ist. Ein zum Bett umbaubarer Multifunktionsstuhl im Raum (Zeile 219) bietet der Mutter die Möglichkeit, immer beim Kind bleiben zu können (Zeilen 222 f.). Nach der Entlassung der Mutter von der gynäkologischen Station kann sie oder können die Eltern in einem Zimmer im Elternrefugium in der Nähe der neonatologischen Station wohnen, solange ihr Kind

5 „Kangarooing", deutsch Känguruhen. Körperkontakt, indem das Frühchen auf den Oberkörper der Mutter oder des Vaters gelegt wird.

intensivmedizinisch betreut wird. Dann siedeln sie mit dem Kind in ein Eltern-Kind-Zimmer auf der Station um und übernehmen dort weitestgehend die Betreuung. Nach Fertigstellung des Ronald-McDonald-Hauses[6] wird zukünftig die Betreuung in einem dortigen Appartement in der Nähe des Eltern-Baby-Zentrums möglich sein. Die Interviewte beschreibt diese Art des Wohnens. „[E]s ist wie zu Hause" (Zeile 207), wo die Mutter nicht ständig mit dem Kind in einem Zimmer lebt, sondern in mehreren Räumen, ähnlich wie in einer Wohnung. Ebenso steht den Eltern das Elternrefugium (Zeile 323) zur Verfügung, in dem sie ähnlich wie in einem Appartement (Zeile 328) in den Wochen vor der Entlassung mit dem Kind leben und dieses selbst versorgen.

3 Auswirkungen von NIDCAP®

Die Auswirkungen von NIDCAP® auf die Mitarbeiter(innen) aus der Perspektive der Pflegeexpert(inn)en lassen sich in zwei Kategorien einordnen: NIDCAP® hat Auswirkungen auf das professionelle Selbstverständnis und auf die professionelle Zusammenarbeit im Team.

Das professionelle Selbstverständnis im Konzept NIDCAP® setzt die Schwerpunkte gezielt auf die Anleitung und Begleitung der Eltern im Umgang mit ihrem frühgeborenen Kind. „[...] Unsere Arbeit an sich hat sich verändert, vom Tun mehr ins Anleiten und Begleiten." (Zeilen 760–761) Die Befähigung der Eltern wird sogar als Ziel genannt. „[...] Begleiten, unterstützen, am Anfang vielleicht doch einiges selber machen, bis die Eltern so, soweit sind, aber das ist unser Ziel, alles den Eltern soweit abzugeben." (Zeilen 763–765)

Der befragte Pflegeexperte grenzt die Rolle der Eltern sehr deutlich von der Rolle der Pflegenden ab. „[...] Denn unsere Aufgabe ist ja nicht, ich will ja die Eltern nicht irgendwo hindrängen, sondern, des Selbstverständlichkeit ihnen mitzugeben, dass sie hier willkommen sind, dass das ihr Kind ist." (Zeilen 861–863)

Insbesondere der emotionale Aspekt der Elternrolle – die Liebe zu den Kindern – kann in den Augen des Interviewten kein Anspruch an die eigene pflegerische Rolle sein (Zeilen 357–359).

Die Anwesenheit der Eltern wird auch als Ressource in der Gewährleistung der Versorgung der Kinder wahrgenommen (Zeilen 94–95). Die zeitlichen Ressourcen der Pflegekräfte werden hingegen vornehmlich für die Familien genutzt (Zeilen 556–557).

---

6 „Bis Ende 2017 wird direkt auf dem Landeskrankenhausgelände in Salzburg ein neues Kinderhilfe-Haus entstehen. Nach der Fertigstellung werden 20 Appartements für Familien mit schwer kranken Kindern zur Verfügung stehen. Die Hälfte der Zimmer wird auf die speziellen Bedürfnisse von frühgeborenen Kindern ausgerichtet sein, von welchen es eine direkte Verbindung zur Neonatologie des LKH-Salzburg geben wird." (zitiert aus: http://www.naehehilftheilen.at/neues-haus-fuer-salzburg/).

Die Prioritätensetzung der pflegerischen Tätigkeiten ist geprägt von der Erfahrung, „[...] dass es schwierig ist, das Punkt für Punkt alles abzuhandeln und sagen, hey, mach das, sondern da ist auch sehr viel Erfahrung und auch, ja, Gefühl, dabei und das dann auch zu verstehen.“ (Zeilen 1015–1017) Auch hier ist die Integration der Eltern ein wesentlicher Bestandteil (Zeilen 1013–1015).

Zudem wirkt sich NIDCAP® auch auf die Arbeitszufriedenheit (Zeilen 836–838) und auf die professionelle Zusammenarbeit im Team aus. Das Team der Neonatologie besteht aus unterschiedlichen Professionen (Zeilen 132–138). Wichtig ist, dass das Konzept von allen Berufsgruppen anerkannt und umgesetzt wird. „[...] Und das ist die Philosophie, die nicht nur in einer Berufsgruppe verhaftet ist, sondern es muss interdisziplinär, multidisziplinär durchgehen.“ (Zeilen 1004–1006). Die hohe Entwicklungsbereitschaft im Team wirkt sich begünstigend auf die Umsetzung des Konzepts aus (Zeilen 113–114). Aber auch der Zusammenhalt im Team scheint ein wichtiges Kriterium zu sein, „[...] die Einstellung, die Gedanken, des, der Kollegen, ja, dass alle am, am selben, am selben Strang ziehen und, ja.“ (Zeilen 70–71) Die Ängste und Spannungen im Team erfordern Prozesse, die das Team stärken und zusammenbringen (Zeilen 248–250). Diese Prozesse sind wichtig, um ein gegenseitiges Vertrauen im Team zu entwickeln, „[...] weil man sich doch auf sich verlassen muss und Pflege natürlich im ärztlichen Bereich mitdenkt, weil wir da sehr viel machen, umgekehrt genauso.“ (Zeilen 300–302) Diese professionelle Zusammenarbeit im Team ist erforderlich, weil dadurch die Qualität der Versorgung gesichert werden kann (Zeilen 432–435).

4 Ausblick

Ausschlaggebend für die Umsetzung des NIDCAP®-Konzepts im Salzburger Landeskrankenhaus war laut der projektleitenden Oberärztin das Gefühl einer tiefen Unzufriedenheit mit dem Umgang mit den Kindern und ihren Eltern auf der Intensivstation. Aufgrund tief verwurzelter Tradition war aber ein Umdenken aus eigener Kraft nicht möglich. Es wurde der Ärztin immer klarer, dass sich etwas ändern muss. Eine sensorische und cerebrale Entwicklung kann bei den Kindern nicht stattfinden, wenn sie ausschließlich medizinisch versorgt werden und sie ohne oder fast ohne Kontakte, meist paralysiert und sediert, in ihren Betten liegen. Ein Vortrag von Frau Als bestärkte und bestätigte die Medizinerin in ihrem Unmut und ihren Überlegungen, dass der traditionelle Weg der Neonatologie völlig ungeeignet ist, Frühgeborenen die Entwicklung zu ermöglichen, die sie gemacht hätten, wenn sie sich bis zum errechneten Geburtstermin weiter in Utero entwickelt hätten.

NIDCAP® wird als ganzheitliches Konzept bzw. Philosophie zur Versorgung von frühgeborenen Kindern verstanden. Der große Vorteil liegt vor allen Dingen in der Beziehungsgestaltung zu den Eltern, aber auch zu Kolleg(inn)en aus dem interprofessionellen Team. NIDCAP® stärkt das professionelle Selbstverständnis und befähigt zu einer reflektierten Betreuung der Kinder, losgelöst von veralteten Rollenbildern und Doktrinen aus der „konservativen" Kinderintensivpflege. Die Rolle der Pflegenden ist die Beobachtung der Kinder und die Betreuung der Familien. Sie sind kein Elternersatz, sondern Unterstützer und Anleiter.

NIDCAP® bringt allerdings auch besondere Herausforderungen mit sich, denen die NIDCAP®-Professionals mit entsprechenden Schulungen und Teammaßnahmen gerecht zu werden versuchen. Auf institutioneller Ebene erfährt das NIDCAP®-Konzept eine große personelle und finanzielle Unterstützung im Rahmen der Möglichkeiten des Klinikums (Zeilen 535–538).

NIDCAP® führt zu einer inhaltlichen Veränderung des Pflegehandelns. Pflege mit NIDCAP® ist in der Konsequenz ein tiefes Sich-Öffnen und Sich-Einlassen auf das Wesen des Kindes und seiner Angehörigen sowie auf die Dynamiken des jeweiligen Familiensystems. Das Kind „zeigt sich". Familien haben Bedürfnisse, auf die Pflegende individuell antworten. Pflege bietet ihre Hilfe zu dem Zweck an, sich selbst zu erübrigen, wirkt also subsidiär. Ziel pflegerischer Unterstützung ist es, Normalität im Alltag und im Familienleben herzustellen.

NIDCAP® kann systemtheoretisch und bezogen auf unterschiedliche Beziehungsebenen gesehen werden. NIDCAP® ist umfassende Beziehungsarbeit, welche auf Inklusion des Kindes und seiner Familie, sowohl innerhalb des Familiensystems als auch in die Hilfebeziehung und das Hilfesystem, zielt. Bezogen auf die Familienbeziehungen sowie die Pflegebeziehung wird nach Ansicht des befragten Pflegeexperten die Vollinklusion angestrebt. Die professionell Pflegenden bedienen sich hierbei der Beobachtung. Sie öffnen sich in ihrem eigenen Personsein weitgehend für Bedürfnisse und Äußerungen des Kindes sowie seiner Familie und lassen sich mit professioneller Expertise auf deren Rhythmen ein, wobei sie sich zugleich sukzessive zurückziehen. Somit wird sowohl auf zwischenmenschlicher Ebene als auch im Hilfesystem umfassende Teilhabe ermöglicht; es werden Voraussetzungen für Lebensqualität geschaffen. Dies hat insbesondere auch Auswirkungen auf die Wahrnehmung von Berufszufriedenheit aufseiten der Pflegenden.

NIDCAP® ist kein bloßes Konzept, sondern eine Philosophie, die sich der Messbarkeit und damit der quantitativen Forschung weitgehend entzieht. NIDCAP® so verstanden wäre damit eher im Bereich der Geistes- oder Sozialwissenschaften anzusiedeln. Dies eröffnet einen Zugang, der von der mehr naturwissenschaftlich-medizinischen Bezogenheit von Heideliese Als abweicht und ein neuartiges Verständnis von NIDCAP® ermöglicht.

Im Salzburger Landeskrankenhaus hat sich das NIDCAP®-Konzept als erfolgreich erwiesen und wird von den Eltern gut angenommen. Diesbezüglich nimmt die Klinik eine Vorreiterstellung im deutschsprachigen Raum ein.

Teil 2: **Familien mit besonderen Belastungen**

Sarah Frank, Lisa Gölsdorf, Lucas Finn Gottsmann und Antonie Kratzmair

Frühchen mit Sehbehinderung

Die in diesem Beitrag behandelte qualitative Studie beschäftigt sich mit folgender Frage: „Wie beschreibt das professionelle Helfer(innen)system die spezifischen Herausforderungen und Lebensbewältigungsaufgaben von Frühchen mit einer Sehbeeinträchtigung oder Blindheit und deren Eltern bis zum Zeitpunkt des Schuleintritts?"

Um sich den Begriffen „Sehbeeinträchtigung" und „Blindheit" inhaltlich – wenn auch nur oberflächlich – zu nähern, werden in einem Überblick zunächst die Kategorisierungskriterien und die zugehörigen Diagnosen der WHO im Kontext der eingeschränkten Sehfähigkeit vorgestellt. Die WHO arbeitet dabei mit dem hier skizzierten Stufensystem, das jedoch nur zum Teil vom deutschen Sozialrecht adaptiert wurde:

- **Stufe 1:** Das Sehvermögen ist kleiner oder gleich 30 % (Visus[1] von 0,3). Ab einem Sehvermögen von 30 % oder weniger besteht in Deutschland in der Regel ein Anspruch auf eine Kostenbeteiligung der Krankenkassen bei Sehhilfen wie Brille oder Kontaktlinse.
- **Stufe 2:** Das Sehvermögen ist kleiner oder gleich 10 % (Visus von 0,1).
- **Stufe 3:** Das Sehvermögen ist kleiner oder gleich 5 % (Visus von 0,05). Diese Stufe bezeichnet das deutsche Sozialrecht als „hochgradige Sehbehinderung", die WHO spricht ab dieser Stufe bereits von Blindheit.
- **Stufe 4:** Das Sehvermögen ist kleiner oder gleich 2 % (Visus von 0,02). Ab diesem Wert spricht das deutsche Sozialrecht von praktischer oder „gesetzlicher Blindheit" mit dem Anspruch auf Landesblindengeld oder Blindenhilfe.
- **Stufe 5:** Blindheit (medizinisch: Amaurose) meint die vollkommen fehlende Wahrnehmung von Lichtschein.

Von einer Sehbehinderung spricht die WHO ab den Werten der Stufe 1, wenn die Sehbeeinträchtigung von dauerhafter Natur ist.[2]

Im Folgenden werden, nach inhaltlichen Sinnabschnitten geordnet, spezifische Themen aus den verschiedenen Interviews zusammengeführt, um einen möglichst breiten Überblick über die Gesamtthematik zu ermöglichen. So werden sowohl konsensuale, aber auch gegenständige Interpretationen und Wahrnehmungen des Helfer(innen)systems deutlich. Interviewpartnerinnen unseres Forschungsprojekts waren:

- eine sowohl niedergelassene als auch in Kliniken tätige Augenärztin mit dem Spezialgebiet „Frühgeborene Kinder",

---

1 „Visus" bezeichnet die Sehstärke, deren medizinisch optimaler Wert bei 1,0 liegt.

2 Vgl. URL: http://www.bsvsh.org/index.php?menuid=58&reporeid=52 (letzter Aufruf: 02.01.2017).

DOI 10.1515/9783110525717-004

- eine in der mittleren Führungsebene des öffentlichen Jugendhilfeträgers tätige Sozialpädagogin mit dem Arbeitsschwerpunkt „Frühe Hilfen“,
- eine Vorsitzende eines gemeinnützigen Vereins, der es sich zur Aufgabe gemacht hat, Frühchen und deren Eltern bestmöglich zu unterstützten,
- eine Schulleiterin eines Förderzentrums (Grund- und Mittelschulstufe) mit dem Förderschwerpunkt „Sehen“,
- eine sozialpädagogische Leiterin einer Frühförderstelle für sehbehinderte und visuell wahrnehmungsbeeinträchtigte Kinder bei einem freien Träger.

Die aus unserer Perspektive erste Auffälligkeit, die den meisten Interviews inhärent war, ist ein relatives Unwissen um die tatsächliche Häufigkeit des Auftretens von Frühgeburten und deren Korrelation mit einer Beeinträchtigung des Sehvermögens. So ist beispielsweise die Schulleiterin der Meinung, dass die Zahl der Frühgeborenen insgesamt steige: „[...] Sehbehinderte Kinder gibt's sowieso relativ wenige, im Vergleich zu anderen Behinderungsarten zum Beispiel, und dann sind frühgeborene Blinde und Sehbehinderte im Verhältnis noch mal weniger.“ (Transkript, Zeilen 49–51)[3] Sie gehe aber davon aus, dass die Zahl der Frühchen, die blind oder mit einer Sehbehinderung geboren werden, in Zukunft zunehmen werde, da durch den medizinischen Fortschritt immer mehr Kinder noch früher geboren würden (Transkript, Zeilen 51–53).

Die Vorsitzende des Frühchenvereins spezifiziert ihre Aussage zu diesem Thema auf blinde bzw. sehbeeinträchtigte Frühchen. Sie gehe davon aus, dass sämtliche Beeinträchtigungen von Frühchen u. a. durch die bessere Beatmung gleich nach der Geburt zurückgegangen seien (Transkript, Zeilen 17–18). Zudem berichtet sie, dass sie im Verein bisher kaum Kontakt zu Frühgeborenen mit Sehbeeinträchtigungen gehabt habe. In drei Fällen habe die Sehbeeinträchtigung eine explizite Rolle gespielt (Transkript, Zeilen 21–35).

Im Folgenden soll ein Blick auf die frühkindliche Entwicklung von Frühchen und mögliche Herausforderungen und Probleme geworfen werden, die in dieser Lebensphase auftreten können.

Dazu berichtet die Vorsitzende des Frühchenvereins, dass Frühgeborene im Vergleich zu anderen Säuglingen und Kindern mehr Zeit für die Gesamtentwicklung bräuchten, sie aber bisher oft die Erfahrung gemacht habe, dass die Kinder im Laufe der Jahre „gut aufgeholt“ hätten (Transkript, Zeilen 57–60). Sie äußert weiter, die Frühgeborenen wären oft überfordert von zu vielen Umweltreizen. Es handle sich bei deren Beeinträchtigungen oft nicht um Minderbegabungen, sondern um Teilleistungsstörungen, die von den Umweltstressoren negativ beeinflusst würden.

---

3 Die Zeilenangaben beziehen sich auf die unveröffentlichten transkribierten Expert(inn)eninterviews, die im Rahmen eines Seminars der Katholischen Stiftungshochschule unter der Leitung von Prof. Dr. Michaela Gross-Letzelter durchgeführt wurden..

Beispielsweise hätten diese Kinder überdurchschnittlich häufig Legasthenie, Dyskalkulie, eine geringere Aufmerksamkeitsspanne oder Konzentrationsschwächen (Transkript, Zeilen 61–81). Die Schulleiterin greift noch andere mögliche Störungsbilder auf, betont aber auch, dass sich Frühchen durchaus unterschiedlich entwickeln würden, in den meisten Fällen aber Entwicklungsverzögerungen zu beobachten seien (Transkript, Zeilen 8–9). Vor allem hätten Frühchen Schwierigkeiten bei der Körperwahrnehmung, der Motorik und bei der Auge-Hand-Koordination. Letzteres treffe besonders bei sehbehinderten Kindern zu (Transkript, Zeilen 31–33).

Wir möchten an dieser Stelle in aller Kürze einen besonderen Zeitpunkt in der Entwicklung der sehbeeinträchtigten Frühchen herausstellen, der von der Augenärztin als frühestmöglicher Zeitpunkt für den Beginn einer ophthalmologischen Frühförderung beschrieben wird. Dieser Zeitpunkt wird vom Einsetzen der Fähigkeit zur Fixation des Frühchens bestimmt. Die Fixation ist der Zustand, „[...] bei dem ein Objektpunkt angeblickt wird. Als Fixationspunkt wird der angeblickte Objektpunkt und als Fixierpunkt der anzublickende Objektpunkt bezeichnet. Der Fixationsort ist die Netzhautstelle, auf die der Objektpunkt abgebildet wird.“[4] Den Diagnoseprozess eines ophthalmologischen Förderungsbedarfs beschreibt sie so:

> [...] Das Alter für die Frühförderung ist meistens so ab [dem] dritten bis sechsten Lebensmonat, wenn man das korrigierte Alter des Frühchens nimmt. Und das hängt damit zusammen, dass die erst dann meist stabile Fixationen haben. Also was dann die Augen betrifft, ist es halt wichtig, dass dieses Kriterium der Fixation da sein kann. Also altersgemäß ist das halt sozusagen [...] ab dem dritten Lebensmonat sollte das da sein. Viele der sehbehinderten oder -geschädigten Kinder haben das natürlich nicht, und dann wird das entsprechend gefördert. [...] Aber das ist so das Hauptkriterium, wie gut sie Fixation aufnehmen können, ob sie gefördert werden müssen oder nicht.
> (Transkript, Zeilen 28–36)

In diesem Zusammenhang übt die Augenärztin Kritik an den die Frühchen behandelnden Kinderärzten und -ärztinnen. Oftmals hätten die Eltern große Sorgen, gerade in der Zeit kurz nach der Geburt, ihr Kind sei sehr schwer beeinträchtigt. Eine Art Allgemeinprognose über die „normale“ Entwicklung und „gewiss eintretende“ Probleme aufzustellen, sei laut dieser Augenärztin fachlich wenig aussagekräftig. Sie habe schon häufig miterlebt, dass die Kinder sich aller Prognosen zum Trotz „[...] teilweise doch noch so gut [entwickelt haben], dass man das vorher nicht für möglich gehalten hätte“ (Transkript, Zeilen 52–53). Durch rein pessimistische Aussagen von Kinderärzten und -ärztinnen würde eine unnötige Verunsicherung seitens der Eltern geschürt. Die Augenärztin plädiert daher für eine gemäßigtere „Prognosenkultur“ ihrer Kolleg(inn)en, da es aus ihrer Sicht viel mehr darauf ankomme, Eltern aufzuzeigen, dass durch die Frühförderung das Entwicklungsergebnis sehr positiv beeinflussbar ist (Transkript, Zeilen 49–58).

4 Vgl. URL: http://www.spektrum.de/lexikon/optik/fixation/987 (letzter Aufruf: 03.01.2017).

Wir wollen nun, nachdem Grundlegendes zum Kontext „Lebenswelt von Frühchen" dargestellt wurde, auf den Themenkomplex „Netzwerke und deren institutionelle Strukturen" eingehen. So wird im folgenden Textabschnitt ein besonderes Augenmerk auf die Zugänglichkeit entsprechender Netzwerke und die Einschätzung ihrer Qualitäten seitens der Interviewpartnerinnen gelegt.

Die Sozialpädagogin vom öffentlichen Träger der Jugendhilfe[5] ist davon überzeugt, dass es durch die medizinische Versorgung in den Kliniken ein gut ausgebautes Netzwerk für Frühchen mit Sehschädigung gibt, das bereits ab der Schwangerschaft greift. Sie selbst hatte noch keinen entsprechenden Fall in der Beratung, was ihrer Meinung nach am Datenschutz liegen könnte und an der rechtlichen Vorgabe, dass die Eltern einer Kontaktaufnahme mit dem öffentlichen Träger der Jugendhilfe explizit zustimmen müssen. Es kann aber durchaus auch sein, dass es in ihrem Zuständigkeitsbereich einfach noch keinen entsprechenden Fall gegeben hat.

Die Vorsitzende des Frühchenvereins ist ähnlicher Meinung. Sie geht davon aus, dass ein Frühgeborenes, bei dem eine Sehbehinderung schon in der Klinik diagnostiziert wurde, von Anfang an gut in die Förderung eingebunden wird. Sie hat das Gefühl, die Familien seien durch das bestehende Angebot gut versorgt. Daneben bemerkt sie aber auch, dass sich der Zugang zu diesem Netzwerk besonders für Familien aus ländlichen Gebieten oder mit Migrationshintergrund als schwierig bis problematisch gestalten kann. Auch wenn die Sehbeeinträchtigung nicht in der Klinik, sondern erst bei einer Untersuchung durch den niedergelassenen Kinderarzt oder die -ärztin festgestellt würde, sei der Zugang zum Netzwerk oft stark vom Expert(inn)enwissen und dem individuellen Engagement des Kinderarztes oder der -ärztin abhängig (Transkript, Zeilen 4–17).

Den Beginn der Vernetzung verortet auch die Augenärztin zeitlich auf den Klinikaufenthalt bei der Geburt des Kindes: „[...] Schon während der Zeit nach der Geburt, noch im Krankenhaus, haben Eltern oftmals Kontakt mit einer Einrichtung aufgenommen." (Transkript, Zeilen 7–10) Zu den medizinischen Kontrollen kommen die Eltern dann in ihre Augenarztpraxis. Durch ihre Arbeit als Konsiliarärztin habe sie zu einigen Familien von der Geburt des Kindes an Kontakt, sodass sich eine Weiterbehandlung durch sie anbiete, da sich meist schon in der Klinik ein Vertrauensverhältnis entwickelt habe (Transkript, Zeilen 83–96). Die Frage nach persönlicher weiterer Vernetzung innerhalb des „Frühchen-Systems" verneint sie. Erklärbar sei dies für sie damit, dass die meistens Eltern durch andere Einrichtungen sehr gut beraten seien und dadurch wirklich nur medizinische Fragen an sie herantragen werden, für deren Klärung einfach kein Netzwerk nötig sei (Transkript, Zeilen 9–17).

Signifikant different ist lediglich die Einschätzung der Schulleiterin. Sie geht davon aus, dass es für die Klientel „blinde oder sehbeeinträchtigte Frühgeborene" kein spezielles Netzwerk gibt. Sie begründet diese Annahme damit, dass es ihrer

5 Die Interviewaussagen wurden nach der Erhebungsphase von der Befragten noch ergänzt.

Auffassung nach insgesamt einfach zu wenige sehbeeinträchtigte Frühchen gebe, auch wenn die Inzidenz tendenziell steigt – so habe sich aus Ermangelung der Nachfrage kein Netzwerk ausgebildet (Transkript, Zeilen 47–49).

Vergleicht man die Aussagen der Expert(inn)en über die Netzwerkstrukturen miteinander, ist auffällig, dass die sozialpädagogischen Fachkräfte offenbar davon ausgehen, dass das Netzwerk lediglich im medizinischen Bereich zu lokalisieren ist und auch vorrangig dort agiert. Die genau gegenteilige Meinung lässt sich in die Aussage der Augenärztin interpretieren, die davon überzeugt ist, dass Eltern oftmals schon im Krankenhaus Kontakt zu einer Einrichtung aufnehmen – weshalb an sie nur medizinische Fragestellungen herangetragen würden. Auch sie sieht sich dem „sehbeeinträchtigten Frühchen-Netzwerk" nicht zugehörig.

Die Frage, die aus unserer Sicht dadurch nun in den Fokus rückt, lautet: „Durch wen wird dieses ‚sehr gut ausgebaute Netzwerk' gebildet, wenn sich keine der interviewten Fachlichkeiten diesem als inhärent begreift und es auch nicht genauer beschreiben kann?" Dieser Frage nachgehend, soll im Folgenden ein Blick auf die Weitervermittlungspraxis der einzelnen Akteur(inn)e(n) geworfen und damit versucht werden, sich dem Begriff „Netzwerk" aus einer inhaltlichen Handlungsebene heraus zu nähern.

Die Sozialpädagogin vom öffentlichen Träger der Jugendhilfe arbeitet eng mit städtischen Kinderkrankenschwestern in ihrem Stadtbezirk zusammen. Diese treten mit ihr in Kontakt, wenn eine Mutter bzw. wenn Eltern von Frühchen Beratung in Anspruch nehmen wollen. Insgesamt geht die Sozialpädagogin vom öffentlichen Träger der Jugendhilfe davon aus, dass Eltern mit ihren Frühchen-Kindern direkt in den Geburtskliniken an entsprechende Spezialist(inn)en und Kinderärzte oder -ärztinnen weitervermittelt werden (Transkript, Zeilen 33–34). Weiter erläutert sie, dass Kinderärzte „[...] was frühe Förderung betrifft, an die Stellen, die dann in diesem Stadtviertel tätig sind, weitervermitteln" (Transkript, Zeilen 61–68). Zur Praxis ihrer Kolleg(inn)en von [Unterstützung von Anfang an] ergänzt sie, dass – wenn diese feststellen, dass ein Kind entwicklungsverzögert ist – sie in Kooperation mit dem Kinderarzt oder der -ärztin das Kind an das Kinderzentrum weitervermitteln, damit es dort medizinisch untersucht und getestet werden kann (Transkript, Zeilen 120–126).

Auf das Kinderzentrum verweist auch die Vorsitzende des Frühchenvereins. Diese Einrichtung empfiehlt sie Eltern, die wissen möchten, ob ihr Kind z. B. eine Lernbehinderung aufweist. Dort werde das Kind engmaschig beobachtet und entsprechende kinderärztliche Untersuchungen würden durchgeführt. Werden keine Auffälligkeiten festgestellt, werde meist empfohlen, die Untersuchung im Zweijahresturnus zu wiederholen. Die Vorsitzende des Frühchenvereins empfiehlt eine solche Untersuchung unbedingt auch noch einmal kurz vor dem Schuleintritt, um etwaige schulrelevanten Behinderungen und/oder Störungsbilder gezielt zu diagnostizieren. So hätten die Eltern die Chance, Schulform und Förderangebote im Sinne des Kindes auszuwählen (Transkript, Zeilen 105–111).

Ein grundlegendes Beratungsgespräch über ihre Einrichtung und das Angebot der Frühförderung sei laut der sozialpädagogischen Leitung vom freien Träger der Modus, in dem sich die meisten Erstkontakte mit Eltern in der Frühförderstelle gestalteten (Transkript, Zeile 5). In diesem Beratungsgespräch kann dann geklärt werden, so die sozialpädagogische Leiterin der Frühförderstelle, ob es einen Bedarf für eine Frühförderung gibt und ob die Frühförderstelle für den Förderbedarf des Kindes die geeignete ist. Gleichzeitig schildert sie, dass während des Gesprächs den Eltern detailliert mitgeteilt werde, welche Unterlagen zur Beantragung der Frühförderung benötigt werden (Transkript, Zeilen 7–11). Zu einem möglichen Vermittlungsprozess oder einem standardisierten Verfahren, das dann angewendet wird, wenn die Frühförderstelle nicht die benötigte Förderung erbringen kann, werden uns im Interview keine Informationen gegeben.

Die einzige explizite Weitervermittlungspraxis, die von den Interviewpartnerinnen beschrieben wird, ist die Vermittlung zum Kinderzentrum. Wie erläutert, findet dort aber einzig eine medizinische Abklärung, keine direkte sozialpädagogische oder medizinische Arbeit mit dem betroffenen Kind oder seinen Eltern statt. Deshalb können wir an dieser Stelle lediglich Thesen aufstellen, die die Interviewinhalte erklärbar machen. Eine erste These ist, dass es kein spezielles Netzwerk für „Frühchen mit Sehbeeinträchtigung oder Blindheit" gibt, da es entweder keine dem Bedarf entsprechenden Einrichtungen gibt, oder – wenn es doch entsprechende Einrichtungen gibt – diese alle an sie herangetragenen Bedarfe selbstständig bearbeiten können, eine Weitervermittlung also nicht nötig ist. Diese Annahme scheint uns aber hinsichtlich der diversen Aussagen über ein „sehr gutes Netzwerk" nicht zutreffen. Unserer Meinung nach ist zwar ein entsprechendes Netzwerk vorhanden, das aber nicht explizit beschrieben und gestaltet ist. Wir gehen daher von einem „impliziten Netzwerk" aus. Diese Form des Netzwerks „Frühchen mit Sehbeeinträchtigung oder Blindheit" lässt sich aus unserer Perspektive wie folgt beschreiben: Es handelt sich eher um ein in der Handlungspraxis verortetes individuelles Tun als um ein institutionalisiertes und ausreichend beschriebenes Geflecht. So ist es möglich, dass ein „sehr gutes Netzwerk" von allen Akteur(inn)en wahrgenommen wird, sich aber im gleichen Maße keine(r) der Akteur(inn)e(n) konkret zu diesem zugehörig fühlt. Die Praxis des „Netzwerkens" entsteht nur am individuellen Fall und wird daher auch immer neu für den Einzelfall durchgeführt. Eine übergreifende Organisationsstruktur mit entsprechendem Konzept besteht nicht. Das Netzwerk an sich ist so für Außenstehende nicht greifbar, was es wiederum gerade für Menschen aus ländlichen Gebieten und/oder mit geringen Deutschkenntnissen fast unmöglich macht, mühelos Zugang dazu zu bekommen. Eine Explizitisierung im Sinne einer professionellen Konzeptualisierung würde also nicht nur den Akteur(inn)en des Netzwerkes langfristig Arbeitsressourcen einsparen, sondern auch den Eltern der Frühchen mit Sehbeeinträchtigung oder Blindheit einen niedrigschwelligen Zugang zu allen Angeboten ermöglichen.

Im nachstehenden Textabschnitt wollen wir uns dem Hauptthema des vorliegenden Buches annähern und aufzeigen, wie die Fachfrauen die Situation der Frühchen mit Sehbeeinträchtigung im Kontext von Kindertageseinrichtungen, insbesondere aber im Kontext von Schuleintritt und Schullaufbahn, beschreiben und bewerten. Dabei liegt der Fokus auf den Empfehlungen, die die Interviewpartnerinnen, abgeleitet durch ihr Expert(inn)en- und Erfahrungswissen, Frühcheneltern gegenüber aussprechen.

Aus Sicht der Sozialpädagogin vom öffentlichen Träger der Jugendhilfe ist es sinnvoll, Frühchen in einer kleineren Gruppe anzumelden, statt sie in einer Kinderkrippe fremdbetreuen zu lassen. Ihrer Meinung nach würde der Besuch einer Krippe durch wechselnde Bezugspersonen, den konstant hohen Lärmpegel und die Unmöglichkeit, hundertprozentig auf die individuellen Bedürfnisse jedes Kindes einzugehen, besonders bei einem Frühgeborenen ein ungesundes Stresslevel erzeugen. Das Angebot einer kleineren Gruppe habe sowohl für die Eltern als auch für das Kind selbst die größtmögliche Bedürfnisorientierung (Transkript, Zeilen 171–190).

Eine ähnliche Meinung bezüglich der Fremdbetreuung hat die Vorsitzende des Frühchenvereins. Sie empfiehlt für Frühgeborene einen Integrationskindergarten, da sie kleinere Gruppen den Bedürfnissen der Kinder gegenüber für angemessener hält. Vor allem rät sie unbedingt von einer zu frühen Fremdbetreuung ab (frühestens ab dem 1. Lebensjahr), u. a. deshalb, weil die Kinder einer solchen Situation psychoemotional nicht gewachsen seien und sie vermutet, dass mit der Betreuungssituation eine Reizüberflutung einhergehe, die für das Frühgeborene nicht adäquat verarbeitbar und dadurch schädlich sei (Transkript, Zeilen 63 ff.).

Sei das Kind in einer heilpädagogischen Kindertagesstätte, berichtet die Sozialpädagogin vom öffentlichen Träger der Jugendhilfe, würden Eltern und Kind über diese Einrichtung in die Schule weitervermittelt.

Als Expertin auf diesem Gebiet berichtet die Schulleiterin ausführlich zum Thema „Übertritt in die Schule". Sie empfehle, im Rahmen einer Beratung bezüglich der Frage, wo das Kind eingeschult werden soll, verschiedene Meinungen einzuholen: „[...] Natürlich können die sich bei verschiedenen Beratungsstellen beraten lassen, meistens sind die aber nicht so spezifisch auf Sehen ausgelegt. Allgemeine Frühförderstellen,[6] die können sehr viel zu frühgeborenen Kindern sagen, aber nicht unbedingt zu sehbehinderten und blinden Kindern." (Transkript, Zeilen 14–17) Die Schulleiterin würde es daher begrüßen, wenn Eltern sich von unterschiedlichen Professionellen beraten ließen, z. B. im Kindergarten, in einer schulvorbereitenden Einrichtung oder in anderen Beratungsstellen (Transkript, Zeilen 40–42). Die Schulleiterin betont, dass die Gestaltung des Übertritts in die Schule von der vorherigen

6 Die sachliche und örtliche Zuständigkeit für Leistungen im Kontext von Sehbehinderung oder Blindheit, z. B. die Seh-Frühförderung, liegt von Rechts wegen grundsätzlich beim jeweiligen Bezirk. Die jeweiligen Seh-Frühförderstellen selbst sind strukturell immer an eine Sehbehinderten-/Blindenschule bzw. -einrichtung angegliedert – wenn auch organisatorisch nicht der Schule unterstellt. Die Interviewaussagen wurden nach dem Erhebungszeitpunkt durch die Befragte noch mit dieser zusätzlichen Information ergänzt.

Betreuungssituation und von der beanspruchten Frühförderung abhängig sei. Waren diese bedarfsorientiert und eng verzahnt, funktioniere es in der Regel reibungslos. Schwierig werde es, wenn die Kinder vorher nicht in einer Frühförderung betreut wurden und „dann so quasi daherschneien". In diesem Fall müsse erst der Ist-Stand des Kindes ermittelt werden, z. B. durch das Studieren von Befunden und medizinischen/pädagogischen Dokumentationen (Transkript, Zeilen 54–61). Die Schulleiterin erklärt, dass sie im Beratungsgespräch mit den Eltern zunächst die beiden Möglichkeiten (Förderzentrum oder wohnortnahe Grundschule) aufzeige. Wenn die Entwicklung bisher eher problematisch war, sei es oft schon naheliegend, dass sie das Förderzentrum empfehle (Transkript Zeilen 4–10). Sei ein Kind bereits hausintern durch die Frühförderung betreut worden, werde der Übertritt in die Grundschule schon im Vorfeld zusammen mit dem Frühförderer oder der Frühförderin ausgiebig besprochen (Transkript, Zeilen 17–23). Zudem finde in diesem Rahmen bei allen Kindern, die im Förderzentrum eingeschult werden sollen, ein spezielles „Schuleingangsscreening" statt. Allerdings sei dieses Screening nicht im eigentlichen Sinne standardisiert, sondern wurde von mehreren Verfahren, die es zur Einschulung gibt, abgeleitet. Damit habe die Schule vor einigen Jahren versucht, eine funktionale Parallelversion zur regulären Schuleingangsuntersuchung für blinde Kinder zu entwickeln. Bei blinden Kindern sei es nicht sinnvoll, die normativen Standards anzuwenden, weshalb jedes Kind individuell begutachtet werden soll, um herauszufinden, welche Förderbedürfnisse und Förderansätze notwendig sind, aber auch welche positiven Entwicklungen es gibt. Gerade bei Frühchen sei die Körperwahrnehmung häufig nicht altersgemäß entwickelt. Zudem seien die Motorik und die Auge-Hand-Koordination bei Sehbehinderten erschwert. Weiter würde beim Screening auch die Zahl- und Mengenvorstellung betrachtet, ebenso die Sprachentwicklung (Transkript, Zeilen 23–34). Die Schulleiterin betont abschließend, dass die finale Entscheidung natürlich bei den Eltern liege und sie nur beratend tätig werden könne. Sie habe aber die Erfahrung gemacht, dass bei den meisten Eltern die Option „Förderzentrum" ganz offen angesprochen werden könne. Seltener komme es vor, dass Eltern von vorneherein sagen, dass ihr Kind aus diversen Gründen unbedingt in die wohnortnahe Grundschule eingeschult werden solle (Transkript, Zeilen 34–37). Zusätzlich zur Beratung im Förderzentrum gebe es noch die „normale" vorschulische Gesundheitsuntersuchung, in der zusätzlich auf besondere Probleme und Herausforderungen bei dieser oder jener Schulform hingewiesen werde (Transkript, Zeilen 44–47).

Weiter stellt die Schulleiterin noch die Besonderheiten des Förderzentrums im Gegensatz zur Regelgrundschule dar. Beispielsweise gebe es fünf Grundschuljahre, was ein Jahr mehr Zeit bedeute, um die grundlegenden Lehrinhalte sowie die notwendigen sehbehindertenspezifischen oder blindenspezifischen Techniken zu erlernen (Transkript, Zeilen 11–14). Kurzum: Der Stoff von vier Grundschuljahren plus Sonderqualifikationen würde auf fünf Jahre verteilt. Sie ist der Meinung, die Schüler(innen) profitierten immens davon, dass sie durch diese Regelung nicht unter dem „normalen" Lern- und Stoffdruck ständen und so auch Zeit hätten, sozialemotionale Fähigkeiten zu erlernen oder zu verbessern. Ihr seien durchaus auch Fälle bekannt, in denen Schüler(innen) einen Übertritt auf eine „normale“ weiterführende Schule schafften, z. B. auf die interne Realschule oder auch auf ein Gymnasium (Transkript, Zeilen 99–112): „[...] [Das] ist natürlich relativ selten, denn die Kinder, die zu uns kommen, grad im Rahmen der Inklusion [...], sind schon die, die noch andere Päckchen zu tragen haben, die sind nicht einfach nur sehbehindert und sonst total fit.“ (Transkript, Zeilen 112–114) Aufgrund dieser Mehrfachbelastungen (z. B. durch eine Frühgeburt) komme es daher relativ selten vor, dass der Übertritt auf ein Gymnasium gelingt (Transkript, Zeilen 116–118). Werden die Kinder nicht an der Förderschule, sondern an der wohnortnahen Grundschule eingeschult, können sie durch den Mobilen Sonderpädagogischen Dienst (MSD) begleitet werden. Die Aufgaben des MSD erklärt sie wie folgt:

> [...] [Die] fahren dann an diese Schulen und schauen vor Ort und beraten auch die Lehrer, die Eltern, was braucht das Kind, braucht das irgendwelche speziellen Hilfsmittel, wie muss der Sitzplatz sein, braucht es eine spezielle Beleuchtung, ist es blendempfindlich, wie muss es im Verhältnis zur Tafel sitzen? Also all diese Dinge. Das wird schon vor der Einschulung [gemacht], also wenn man rechtzeitig weiß, das Kind wird zu Hause eingeschult. Das wird fast ein halbes Jahr vorher, manchmal länger, bei blinden Kindern deutlich länger vorher, wird das schon vorbereitet. Es werden auch Lehrer aufgeklärt, was muss man beachten – soweit das halt in dem Rahmen möglich ist. Es ist auch nicht so, dass der mobile Dienst dann jede Woche an diese Schule fährt, so viele haben wir nicht. Und bei blinden Kindern versucht man eine etwas engmaschigere Betreuung. Bei blinden Erstklässlern im Grundschulalter zum Beispiel. Bei den Sehbehinderten ist das fast nicht möglich, da muss man einfach sehen, wie gut sind die Strukturen vor Ort, wird das aufgenommen? Das mag am Anfang etwas engmaschiger sein, aber das ist dann nachher nach Bedarf und Zuruf.
> (Transkript, Zeilen 69–83)

Weiter erzählt die Schulleiterin von einer bevorstehenden jährlichen Veranstaltung, bei der die Eltern von Frühförderkindern in die Schule kommen und dort den MSD treffen und kennenlernen können. In diesem Rahmen gebe es u. a. Tipps und Informationen, was von den Eltern bei der Schulanmeldung zu beachten sei, und erste Kontakte werden hergestellt. Ist zu diesem Zeitpunkt bereits relevanter Handlungsbedarf erkennbar, kann schon möglichst früh vor der Einschulung agiert und der Übergang begleitet werden (Transkript, Zeilen 83–93).

Im letzten Teil des vorliegenden Forschungsberichts möchten wir das Thema „Inklusion“ aufgreifen. Obwohl wir dieses Thema bei den Expert(inn)en nicht erfragt haben, äußerten sich viele diesbezüglich. Insbesondere der Schulleiterin und der Vorsitzenden des Frühchenvereins war es wichtig, ihre Eindrücke und Meinungen bezüglich der Inklusion im letzten offenen Teil des Interviews mitzuteilen.

Die Schulleiterin betont, dass sie das gesamte Thema „Inklusion“ „ganz, ganz schwierig“ finde. Besonders herausfordernd sei es vor allem für die Eltern, weniger für die Kinder, da die Inklusionspraxis für diese grundsätzlich erst einmal keine aktiv wahrgenommene Alltagsrelevanz habe (Transkript, Zeilen 139–145). Sie sagt weiter, für Eltern sei es „sehr sehr schwierig“, sich eine fundierte Meinung über das

Thema zu bilden. Aus diesem relativen Unwissen resultiere häufig eine übersteigerte Anspruchshaltung dahingehend, was in einer Regelschule geleistet werden solle und müsse. Ihrer Meinung nach seien viele dieser Ansprüche schlichtweg strukturell einfach nicht erfüllbar. Für sie sei dieser Umstand dadurch erklärbar, dass das deutsche Schulsystem vorrangig massenorientiert sei, weshalb es unmöglich ist, „[...] um jedes einzelne Kind dann alles drum herum zu bauen" (Transkript, Zeile 147). Diese Gegebenheiten den betroffenen Eltern verständlich zu machen, sei wiederum auch „ganz, ganz schwierig" (Transkript, Zeilen 145–151). Ohne Frage gebe es auch viele Kinder, „[...] wo das mit der Regelschule wunderbar funktioniert" (Transkript, Zeile 152), gerade bei sehbehinderten und zunehmend auch blinden Kindern, die keine weiteren Beeinträchtigungen oder Behinderungen aufweisen. Hingegen habe sie bei Kindern, die Mehrfachbeeinträchtigungen aufweisen (dies träfe häufig auf Frühgeborene zu), eher Bedenken. Gerade bei deren Eltern habe sie immer wieder große Schwierigkeiten, verständlich zu machen, dass die Unterstützungssysteme in der Regelschule weitaus schlechter ausgebaut sind als in einem Förderzentrum. Der tatsächliche Besuch einer Regelschule verlange daher von den Eltern große Unterstützungsleistungen, da vorhandene schulische Angebote den Förderbedarf meist nicht decken könnten. Viele Eltern seien der Meinung, dass eine Schulbegleitung für ihr Kind die widrigsten Herausforderungen beseitigen würde. Diesen Ansatz hält die Schulleiterin für sehr bedenklich, da man die Kinder so eher zur Unselbstständigkeit erzöge. Es bestehe das Risiko, dass das Potenzial des Kindes auf diese Weise gar nicht voll zu Tage treten könne. Dabei sei es gerade die Aufgabe von Schulbegleiter(inne)n, die Potenziale zu wecken und für das Kind nutzbar zu machen (Transkript, Zeilen 161–163). Für die Eltern sei das gesamte Prozedere aber eine „ganz ganz schwierige Sache [...] [und] sehr sehr schwer abzuschätzen und auszuhalten" (Transkript, Zeilen 163–165). Weiter unterstreicht die Schulleiterin ihre Aussagen mit Erfahrungen aus ihrer Berufspraxis. Sie habe genug Fälle erlebt, bei denen aus schlechter Beratung dramatische Leidenswege resultierten, beispielsweise wenn Kinder zunächst eine allgemeine Schule besucht haben und erst nach Jahren festgestellt worden sei, dass diese Schulform für das Kind nicht funktioniere. Nach einem Schulwechsel müsse dann sehr viel aufgearbeitet werden: zum einen die angesammelte Frustration, zum anderen aber auch nicht Gelerntes bzw. falsche Strategien, die sich da bereits verfestigt hätten. Solche dysfunktionalen Strategien umzulernen, sei für das Kind leider ein zusätzlicher Belastungsfaktor (Transkript, Zeilen 165–180). Abschließend betont sie nochmals, dass es für Eltern „sehr sehr schwierig" sei, eine Entscheidung für die eine oder die andere Schulform zu treffen. Andererseits gebe es auch manche Eltern, die von vorneherein sehr überzeugt seien, dass ihr Kind an die entsprechende Förderschule gehen solle, da sie diese schlichtweg als die beste Option bewerten würden.

Ergänzend dazu geht die Vorsitzende des Frühchenvereins davon aus, dass ein Wechsel von der Regel- in die Förderschule inzwischen aufgrund der gesetzlichen Regelungen zur Inklusion nur noch schwer umsetzbar sei, auch wenn es besondere

Schwierigkeiten in der Schule gebe (Transkript, Zeilen 101–102). Für sie beginnt die Problematik im Zuge der Inklusion schon beim Kindergarten.

> [...] Das ist problematisch, wenn das Kind in so einem ganz normalen Riesen-Kindergarten war, [...] mit fünfundsiebzig Kindern, offene Gruppen, [...] offenes Konzept. Das heißt, morgens ist es in seiner Gruppe bis neun Uhr, und dann schwirren die aus. So! Und dann ist nicht eine Erzieherin für die Gruppe [verantwortlich], gibt's zwar, aber da ist oft eine andere in jedem Raum. Dann gehen die zum Basteln. Jetzt ein Kind, das ungeschickt ist, das wird nicht freiwillig sich eine Schere nehmen und schneiden. Dieses Kind wird im Kindergarten [...] nie auffallen.
> (Transkript, Zeilen 137–144)

Nach Meinung der Vorsitzenden des Frühchenvereins, würde eine solche Problematik frühestens bei der Schuleingangsuntersuchung bemerkt werden, wenn überhaupt vor dem Eintritt in den Schulalltag. Ein Faktor, der das Übersehen solcher Defizite verstärke, sei für sie die Tatsache, dass die Schuleingangsuntersuchung heutzutage von Krankenpflegepersonal, nicht mehr von Ärzten oder Ärztinnen durchgeführt würde.[7] Dem Pflegepersonal fehle ihrer Meinung nach einerseits fachmedizinisches Wissen, andererseits aber auch einfach die Zeit, um jedes Kind angemessen untersuchen zu können (Transkript, Zeilen 152–154). Die Kinder seien dann schlichtweg gezwungen, zu versuchen, mit ihren Defiziten dem Schuldruck standzuhalten. Eine gründlichere Auswahl eines geeigneten und bedarfsgerechten Kindergartens hätte ihrer Meinung nach in vielen Fällen großes Leid während der Schulzeit verhindern können.

Zum Fazit unserer Forschungsergebnisse möchten wir uns appellativ an die Fachwelt, aber auch an betroffene Eltern richten. Wir sind der Meinung, dass unser Forschungsprojekt beispielhaft zeigt, wie wichtig es wäre, im Kontext der Arbeit mir Frühgeborenen mit Sehbeeinträchtigungen echte institutionalisierte Netzwerke aufzubauen und zu pflegen. Zum einen, um Arbeitsressourcen überlegter einzusetzen und den professionellen Blick um eine multiprofessionale Perspektive zu erweitern, zum anderen – und das ist uns im Kontext einer sozialen Dienstleistung am wichtigsten –, um den betroffenen Familien einen niedrigschwelligeren Zugang zum Gesamtsystem

---

7 Aufgrund dieser Annahme wurden wir auf die Erläuterungen des Prozederes der Schuleingangsuntersuchung auf dem Internetportal der Landeshauptstadt München aufmerksam. Hier wird die Untersuchung als möglicher Zweischritt beschrieben, der aus einem ca. 20-minütigen Screening, welches von einer Krankenschwester durchgeführt wird, und einer möglicherweise anschließenden schulärztlichen Untersuchung besteht. Die schulärztliche Untersuchung wird dabei aber nur durchgeführt „[...] wenn die Vorsorgeuntersuchung U9 bei einem Kind fehlt oder nicht dokumentiert ist, wenn die Kinderkrankenschwester im Screening Hinweise auf gesundheitliche Probleme oder Besonderheiten festgestellt hat, wenn Eltern Fragen zur Gesundheit und Entwicklung ihres Kindes haben, wenn eine chronische Krankheit des Kindes besteht und die Eltern noch Fragen im Hinblick auf die Schule haben, oder wenn eine Entwicklungsverzögerung des Kindes besteht und die Eltern noch Fragen im Hinblick auf die Schule haben". URL: https://www.muenchen.de/rathaus/Stadtverwaltung/Referat-fuer-Gesundheit-und-Umwelt/Gesundheitsfoerderung/Kinder_und_Jugendliche/Einschulung/Untersuchung.html (letzter Aufruf: 26.05.2017).

zu ermöglichen. Dies würde dort Realität, wo Familien sich an irgendeine(n) Netzwerkpartner(in) wenden können und von dort kompetent zum jeweiligen Expert(inn)enwissen vermittelt werden.

Betroffene Eltern möchten wir ermutigen, sich zu organisieren (z. B. in Vereinen), um Bedarfe sichtbar zu machen und vom professionellen System einzufordern. Eine aktive und interkulturelle Öffentlichkeitsarbeit dieser organisierten Zusammenschlüsse könnte dann auch Eltern mit z. B. geringen Deutschkenntnissen erreichen und einen ersten Einstiegspunkt in das Netzwerk aufzeigen.

Susanne Bötel und Ramona Preuschl

Alleinerziehende Mütter von Frühchen

In vorliegender Studie möchten wir aufzeigen, mit welchen Schwierigkeiten alleinerziehende Eltern mit Frühgeborenen leben müssen. Die Umstände, die sich für die Eltern durch den breiten Bereich der Schwangerschaft, Geburt sowie mit dem Heranwachsen des Frühgeborenen ergeben, sind ohnehin mit erheblichen Barrieren gekoppelt. Die alleinige Verantwortung für eine(n) Frühgeborenen stellt also eine zusätzliche Belastung dar. Durch medizinische Aspekte, psychosoziale Belastungen, finanzielle und gesellschaftliche Probleme wird die Situation Alleinerziehender zusätzlich erschwert.

An unserer Befragung auf unserer Homepage „fruehchen-alleinerziehende.jimdo.com“ haben insgesamt 40 Frühchen-Eltern teilgenommen, alle sind alleinerziehend. 17 Mütter (42,5 %) waren bereits während der Zeit der Geburt alleinerziehend. Nur 24 Mütter (60 %)[1] lebten in dieser Zeit der Geburt noch in einer Beziehung. Eine Mutter, die angegeben hatte, dass sie sowohl schon getrennt als auch noch in einer Partnerschaft lebte, hatte sich vermutlich entweder während des Krankenhausaufenthalts getrennt oder die Beziehung war während dieser Zeit bereits nicht mehr stabil.

Die Kinder der befragten Eltern wurden in unterschiedlichen Teilen Deutschlands, aber auch im Ausland (Österreich, USA) geboren. Sie kamen zwischen der 21. Schwangerschaftswoche (+ fünf Tage) und der 37. Schwangerschaftswoche auf die Welt. Die meisten der befragten Mütter bekamen ihre Kinder jedoch zwischen der 24. und der 35. Schwangerschaftswoche. Das Alter der Kinder zum Zeitpunkt der Befragung liegt zwischen einem halben Monat und 27 Jahren. Sieben Kinder sind noch unter einem Jahr alt, vier Kinder sind unter zwei Jahre alt. Die meisten Kinder sind zwischen zwei und zwölf Jahre alt. Bei einer Drillingsgeburt kamen die Kinder in der 28. Schwangerschaftswoche auf die Welt, diese sind jetzt zwei Jahre und neun Monate alt, außerdem wurden drei Zwillingspärchen geboren, jeweils in der 28., der 24. und in der 31. Schwangerschaftswoche. Diese sind jetzt vier, sechs und zweieinhalb Jahre alt. Neben diesen Geschwisterkindern haben sechs Familien mindestens ein weiteres Kind. Eine Mutter hatte eine Normalgeburt und zwei Frühgeburten (40., 37. und 34. Schwangerschaftswoche), eine weitere hatte drei Frühgeburten (35., 31. und 29. Schwangerschaftswoche). Fünf Geschwisterkinder kamen als Normalgeburten noch nach ihren Frühchen-Geschwistern auf die Welt, lediglich zwei Geschwisterkinder wurden als Normalgeburten vor ihren Frühchen-Geschwistern geboren. Die Geschwisterkinder der Frühchen sind jetzt zwischen einem Monat und 14 Jahre alt.

---

1 Durch die Doppelnennung dieser Mutter (die sowohl bei den 17 als auch bei den 24 Müttern – also zweimal – gezählt wird) ergeben sich über 100 %. Im Folgenden sind die 40 alleinerziehenden Mütter, die den Fragebogen beantwortet haben, die Grundgesamtheit (n = 40) mit 100 %.

DOI 10.1515/9783110525717-005

Als Ursache der verfrühten Geburt[2] gaben 25 Mütter (62,5 %) an, dass sie medizinisch bedingt war, bei 14 Eltern (35 %) waren Stress und psychische Belastungen die Ursache. Vier Frühchen-Mütter (10 %) waren von einer Mehrlingsgeburt betroffen und vier Mütter (10 %) hatten bereits vorausgegangene Früh- und Fehlgeburten. Bei acht Müttern (20 %) war die Ursache unbekannt. Das Alter der Mutter spielte als Ursache in keinem unserer Fälle eine Rolle. Es gab auch keine Frühgeburt infolge eines Unfalls. Elf Mütter (27,5 %) gaben andere/sonstige Ursachen an. Darunter führten fünf Mütter das HELLP-Syndrom als Ursache der verfrühten Geburt an, eine Mutter gab das Cushing-Syndrom an. Eine Mutter nannte einen gewalttätigen Erzeuger als Ursache, bei einer anderen waren Blutungen und ein aussetzender Herzschlag des Kindes der Grund für die Frühgeburt. Eine Mutter gab als Grund einen Doppler an. Von einer Mutter wurden als medizinische Ursache vorzeitige, unaufhaltsame Wehen und Unterversorgung des Kindes im Bauch infolge psychischer Belastungen und Sorge um die gesellschaftliche und wirtschaftliche Zukunft nach ihrer Beziehungsbeendigung angegeben.

Auf die Frage, von wem die betroffenen Frühchen-Eltern nach der Schwangerschaft Unterstützung bekommen hatten, antworteten 39 Mütter mit 102 Nennungen.[3] Eine Mutter beantwortete diese Frage nicht. 29 Elternteile (72,5 %) bekamen von ihren Familien Unterstützung, 19 Mütter (47,5 %) wurden von ihren Freunden unterstützt. 13 Mütter (32,5 %) bekamen Unterstützung von ihren Ärzten. Des Weiteren bekamen 13 Mütter (32,5 %) Unterstützung von den Krankenschwestern, zwölf Mütter (30 %) wurden von ihren Hebammen unterstützt. Nur vier Frühchen-Mütter (10 %) wurden von ihren Partnern unterstützt, drei Mütter (7,5 %) erhielten psychologische Betreuung und Unterstützung. Acht Mütter (20 %) bekamen sonstige Unterstützung. Von diesen acht Müttern wurde eine Mutter vom Sozialpädagogischen Zentrum (SPZ) unterstützt, eine bekam Hilfestellung durch das Mutter-Kind-Heim. Zwei Mütter gaben an, von niemandem Unterstützung bekommen zu haben, darunter auch die Drillings-Mutter, zwei gaben gesondert von der Familie noch ihre Eltern an, eine weitere wurde unterstützt von den Kinderkrankenschwestern der Intensivstation und eine gab ein Krankenhaus als Ort der Unterstützung an.

Die psychische Belastung nach der Geburt des frühgeborenen Kindes war für 20 Mütter (50 %) sehr hoch und für 14 Mütter (35 %) hoch. Der Großteil war also psychisch stark und sehr stark belastet. Alle 40 Mütter hatten diese Frage beantwortet.

Von den Müttern, die nach der Geburt noch eine Zeit lang in einer Ehe/Partnerschaft lebten, kam es in 83 % der Familien zu Streitigkeiten. 16 % der befragten Eltern stritten nicht wegen der schwierigen Frühchen-Situation. Gründe für diese Streitigkeiten waren Uneinigkeit über die Erziehung des Kindes und das Verhalten des Partners während des Krankenhausaufenthalts. Für einige Frauen war der Partner

---

2 Bei dieser Frage waren Mehrfachantworten möglich.

3 Mehrfachantworten waren möglich.

keinerlei Hilfe im Haushalt, diese Mütter fühlten sich oft alleingelassen. Häufig stritten sie aufgrund der finanziellen Notlage. Auch Stress und die Zerrissenheit zwischen den Kindern zu Hause und dem Kind im Krankenhaus, die Überbelastung, Fremdgehen des Partners aufgrund eigener Überforderung waren Gründe für Streitereien zwischen den Lebensgefährten. In drei Fällen fingen die Partner an, Alkohol zu konsumieren, außerdem wurden als Ursache von Streit Desinteresse des Partners am Kind angeführt und einmal ein großes Gewaltpotenzial des Erzeugers sowie Vorwürfe, Demütigungen und Lügen. Nur in einem Fall hatte die Trennung nichts mit der Frühgeburt zu tun.

Laut Aussage von 29 Müttern (72,5 %) hatte die Frühgeburt Auswirkungen auf die Entwicklung des Kindes, bei elf Müttern (27,5 %) hatte die Frühgeburt keine Auswirkungen. Fast alle Eltern berichteten mindestens von Entwicklungsverzögerungen. In acht Fällen wurde von Atemnot, ständiger Bronchitis, Beatmung mit der Lungenmaschine, später mit Atemhilfe, Asthma und anderen Lungenerkrankungen berichtet. Folgende Antworten wurden gegeben:[4]

- „Ihnen ist schnell alles zu viel. Sie waren Schrei- und Spuckkinder, sind von der Entwicklung nicht so weit wie andere."
- „Verschiedene [Langzeitfolgen], vor allem meine Tochter hatte gaaanz viele und lange einige Beeinträchtigungen und Entwicklungsverzögerungen."

Weiter wird von Stillschwierigkeiten berichtet, verbunden mit einer allgemeinen Trinkschwäche, von schweren Essstörungen, zyklischem Erbrechen, Reizdarm und Reizmagen bei psychischer Belastung, im Zusammenhang damit auch Untergewichtigkeit der Kinder bis hin zur Notwendigkeit einer künstlichen Ernährung und Wachstumsretardierung in mehreren Fällen. Genannt werden auch erhöhte Infektanfälligkeiten, Hirnblutungen, körperliche und geistige Behinderungen in unterschiedlichsten Ausprägungen bis hin zur Schwerstbehinderung. Neben Sehbehinderungen und Hörschädigungen treten Autismus und ADHS auf, außerdem andere Wahrnehmungs- und Konzentrationsstörungen sowie psychische Probleme, die sich auch noch neben dem langen Klinikaufenthalt nach der Geburt durch spätere lange Klinikaufenthalte aufgrund notwendiger Operationen älterer Kinder zusätzlich entwickeln können. Nabelbrüche und Leistenbrüche, die einhergehen mit Monitorüberwachungen, Ataxie, eingeschränktes Sprachverständnis durch Zungenvorverlagerung, Muskelschwäche, Hydrozephalus, Cerebralparese, Herzfehler, geöffneter Ductus, Frühgeborenenrethinopathie, Sepsis, Orthesen/Rollstuhl und Darmverschluss sind oftmals weitere Folgeschäden der Frühgeburt. Viele Kinder haben gehäuft und zugleich parallel auftretende Probleme:

- „Atemschwierigkeiten, konnte nicht alleine trinken, Stillschwierigkeiten, Klinikaufenthalt, erhöhte Infektanfälligkeit."

4 Die folgenden Aussagen sind wörtlich übernommene Antworten auf offene Fragen.

- „Eingeschränktes Sprachverständnis durch Zungenvorverlagerung, starke Entwicklungsverzögerung, Wachstumsretardierung, ständige Bronchitis, übergetretene Hirnblutung, geistige Behinderung."

Nahezu alle alleinerziehenden Mütter berichten über die finanzielle Belastung als eines der größten Probleme:

- „Oftmals finanzielle Probleme, wenn wir mehr Geld zur Verfügung hätten, könnte ich vor allem meine Tochter mehr alternativ behandeln lassen, das [sic!] ihr sehr gut tut."

Die Angst und Sorge um das Kind, ob es überlebt, auch später noch die Angst vor dem plötzlichen Kindstod, sind weitere hohe Belastungen, mit denen die Mütter zu kämpfen hatten. Als besonders einschneidendes Erlebnis schildern Eltern u. a. den Moment der endgültigen Diagnose über die Behinderung ihres Kindes. Auch die Tatsache, dass sie sich von ihren Familien, dem Vater des Kindes und der Gesellschaft ausgeschlossen fühlen, sowie die fehlende Unterstützung durch das Umfeld belastet einige Mütter am meisten. Viele Mütter fühlen sich sehr allein gelassen. So schreibt eine Mutter:

- „Seelische Probleme bei Mutter, viel geweint, kaum die ersten zwei Lebensjahre geschlafen vor Angst, es kämen Apnoes oder plötzlicher Kindstod."

Auch scheint die fehlende Zeit der Alleinerziehenden ein großes Problem zu sein:

- „Die Entwicklung braucht mehr Förderung, und daher braucht man mehr Zeit. Man muss arbeiten, Haushalt, Kind und Therapien unter einen Hut bringen."

Für viele war auch der Trennungsprozess vom Partner ein sehr einschneidendes Erlebnis, das sie sehr belastet hat:

- „Die fehlende Unterstützung des Kindsvaters, die noch immer recht schlecht gestellte Situation Alleinerziehender in der Gesellschaft, fehlende Betreuungsmöglichkeiten, finanzielle Probleme, weitere psychische Belastung der vorhergehenden Ereignisse."
- „Anfangs konnte man ja keine Prognosen geben, wie er sich überhaupt entwickeln würde und ob er überhaupt eine Regelschule besuchen kann [...] dazu die dauernde Geldnot und die Streitigkeiten mit dem Erzeuger. Die anfingen bei einem Vaterschaftstest und endeten bei ‚ich werde dauernd gemobbt' und ich kann nicht mehr arbeiten und kann keinen Kindesunterhalt mehr zahlen. Später dann die Schulprobleme. Eine schlechte Note nach der anderen. Nebenher das Arbeiten und gucken, dass man genug Geld für die Nachhilfe zusammenbringt. Und dann, kaum dass es läuft, wieder mal der Erzeuger, der ne neue Ausbildung machen will und gar nix mehr zahlen möchte."

Einige Mütter dagegen klagen über Verhaltensauffälligkeiten und psychische Probleme ihres Kindes, die sie am meisten belasten:

- „Seine Konzentration lässt schnell nach, sehr oft zappelig, kann Informationen nicht gut nach Wichtigkeit filtern, nimmt alles ungefiltert auf."

Die Unreife des Kindes, das Nichtannehmen des Kindes vom Rest der Familie und die Bürokratie, durch die den Betroffenen eine Beantragung der notwendigen Gelder erschwert wird, sind weitere schwerwiegende Probleme – zusätzlich zu der Belastung, welche die alleinerziehenden Mütter allein durch ihren Alleinerziehendenstatus haben, nämlich alle an sie gestellten Aufgaben allein bewältigen zu müssen.

Vor allem stand die Sorge um das Frühchen für 35 der befragten Mütter (87,5 %) im Vordergrund ihrer Gefühle, was natürlich bei den meisten (32) Müttern (80 %) mit der Angst vor eventuellen bleibenden Folgeschäden einherging. Neben der Angst und der Sorge um das Frühchen waren ebenfalls 32 Mütter (80 %) stolz auf ihr Frühchen. Glück und Dankbarkeit empfanden jeweils 26 Mütter (65 %) und Freude 24 Mütter (60 %). 19 Mütter (47,5 %) hatten Schuldgefühle, verzweifelt waren 16 Mütter (40 %), Trauer empfanden zehn Mütter (25 %) und Enttäuschung verspürten fünf Mütter (12,5 %).

Alle Mütter hatten auf folgende Frage geantwortet: „Welche Gefühle haben oder hatten Sie Ihrem Frühchen gegenüber?"[5] Drei Mütter (7,5 %) nannten unter sonstige Gefühle:

- „Er ist und war ein kleiner/großer Kämpfer. Er brachte und bringt viel Freude in mein Leben."
- „Unermessliche Liebe"
- „Einfach ein Wunder"

19 der befragten Mütter (47,5 %) hatten Depressionen hinsichtlich der verfrühten Geburt. Alle Eltern antworteten auf diese Frage. Wir bekamen auf diese Frage hin 41 Antworten, was bedeutet, dass eine Mutter beides angekreuzt haben muss, sie war sich wohl nicht sicher. Schließlich können eine Menge Gefühle in so einer Situation nebeneinander bestehen. Zwei der 19 Mütter, die Depressionen hatten, gaben an, über einen Suizid nachgedacht zu haben. Die Tragweite der Dramatik einer Frühgeburt wird in diesem Ergebnis deutlich. Neun der 19 der Alleinerziehenden mit Depressionen (47,3 %) haben sich in der Zeit ihrer Depressionen Hilfe geholt. Nach Aussage der Vorsitzenden eines Frühchen-Vereins sind viele Eltern zumindest während der Zeit des Krankenhausaufenthalts noch gar nicht in der Lage, sich selbst Hilfe zu holen:

> [...] Da braucht's erst mal Überwindung, weil zuerst hat man ja die Sorgen ums eigene Kind und alles andere ist völlig nebensächlich und das ist nicht anders, das ist heute ganz genauso, man

5 Mehrfachnennungen waren möglich.

> denkt nur, ich muss bei meinem Kind sein, mein Kind, mein Kind, mein Kind. Und vernachlässigt sich selbst, also da braucht's so von außen sehr häufig – und das war nicht nur bei mir so, so'n Fußtritt, sag ich jetzt mal, dass jemand kompetent ist [...], das braucht's eben, Sozialarbeiter, Psychologen, der von außen als kompetent wahrgenommen wird, von den Eltern, der wirklich sagt, ist genug. Machen Sie was für sich, [...]. Ja, weil man ist so ziemlich, dieser Schockzustand und ich denke, das ist wirklich das wichtigste, da muss einem zum eigenen Glück verholfen werden [...]. Es war jemand da, der einfach gesagt hat so, du machst das jetzt. [...]. Und des war dieses an die Hand nehmen [...].
> (Interview mit der Vorsitzenden eines Frühchen-Vereins)

Die Frage, ob die Eltern allgemein genug Unterstützung bekommen hatten, bezog sich auf die gesamte Zeit der Erziehung bis hin zum heutigen Alter des Kindes, sei es nun einen halben Monat oder 27 Jahre alt. Hier gaben 25 Mütter (62,5 %) an, nicht genug Unterstützung gehabt zu haben. Dazu erklärte die Vorsitzende des Frühchen-Vereins: „[...] Jetzt is'es ja, gibt's ja die Case-Managerin, die die Entlassung nach Hause begleitet. Gab's damals nicht, gibt's auch nicht in jedem Krankenhaus [...].“ (Interview mit der Vorsitzenden eines Frühchen-Vereins).

Mehr Unterstützung hätten sich 24 Mütter (60 %) der betroffenen Eltern vor allem von dem Vater des Frühchens gewünscht. Hier ist zu beachten, dass sich zur Zeit der Geburt nur 24 Mütter in einer Partnerschaft befanden. Zwölf Mütter (30 %) hätten von ihrer Familie mehr Unterstützung erwartet. Von Ärzten und Pflegepersonal sowie von Psychologen hätten sich jeweils neun Mütter (je 22,5 %) mehr Unterstützung gewünscht. Sieben Mütter (17,5 %) hätten sich mehr Unterstützung im Kindergarten gewünscht. Des Weiteren hätten sechs Eltern (15 %) mehr Unterstützung vom Sozialarbeiter bzw. Sozialpädagogen erwartet, fünf Mütter (12,5 %) hätten sich mehr Unterstützung von Freunden erhofft. Vom neuen Partner sowie von der Hebamme hätten sich jeweils drei betroffene Frühchen-Eltern (7,5 %) mehr Unterstützung gewünscht. Von der Schule und den Lehrer(inne)n wünschten sich zwei Eltern (5 %) mehr Unterstützung. Wichtig ist hier die Beachtung der Tatsache, dass viele der Kinder derzeit noch nicht in einem kindergarten- oder schulfähigen Alter sind. Unter „Sonstiges“ mit 7,5 % (drei Mütter) wurde von einer Mutter mehr Unterstützung seitens der Behörden gewünscht sowie mehr Verständnis von Kindergarten und Schule. Eine Mutter war sehr zufrieden mit der Unterstützung, die sie bekommen hatte, und eine hatte auf diese Frage nicht geantwortet.

27 (67,5 %) von 40 alleinerziehenden Frühchen-Eltern empfänden in ihrer Situation vor allem eine größere finanzielle Unterstützung als hilfreich. 26 Eltern (65 %) fänden es sehr wünschenswert, wenn ihnen seitens der Behörden weniger Steine in den Weg gelegt würden bzw. wenn Gelder leichter zu beantragen wären. Unterstützung im Alltag sowie eine psychische Unterstützung der Eltern empfänden jeweils 20 Mütter (50 %) der Alleinerziehenden als Erleichterung. 15 Mütter (37,5 %) würden eine(n) Ansprechpartner(in) als hilfreich empfinden, zwölf Mütter (30 %) empfänden ein besser geschultes Personal als eine hilfreiche Unterstützung. Eine Haushaltshilfe würden elf Mütter (27,5 %) als hilfreich empfinden. Zehn Mütter (25 %) wünschen sich

mehr medizinische Unterstützung. Eine Unterstützung in der Versorgung der Kinder wäre für acht Mütter (20 %) ein hilfreiches Angebot. Sonstige Vorschläge hatte hier niemand. Alle 40 Eltern haben mit insgesamt 149 Nennungen auf diese Frage geantwortet.[6]

Auf die Frage, welche Wünsche und Anregungen die betroffenen Frühchen-Eltern als Alleinerziehende eines Frühchens hinsichtlich der Unterstützung haben, antworteten viele, dass sie sich eine Unterstützung im Alltag wünschten, einfach mal schnell einkaufen gehen zu können, ohne einen Monitor mitschleppen zu müssen, besonders bei einer Mehrlingsgeburt, eine Haushaltshilfe und eine(n) feste(n) Ansprechpartner(in). Auch mehr Mütter- und Selbsthilfegruppen ist ein von einigen Müttern geäußerter Wunsch. In manchen Fällen reichen die Betreuungsplätze nicht aus, und die betroffenen Eltern werden mit ihrem Kind oder ihren Kindern auf Wartelisten gesetzt. Hierzu wurde der Wunsch geäußert, dass Einrichtungen mit freien Plätzen auf betroffene Familien zugehen sollten, um den Eltern die Suche zu erleichtern. Außerdem hatten sehr viele Eltern bei den Behörden Schwierigkeiten, da diese sich häufig nicht mit der Problematik beschäftigen (können) bzw. nicht auseinandersetzen und sich deshalb nicht auskennen. Hier wurde der Wunsch nach einer besseren Schulung der Beamten geäußert. Eine Mutter muss 40 Stunden arbeiten, trotz Pflegestufe ihres Kindes. Ihr Wunsch wäre eine bessere finanzielle Unterstützung. Auch der Wunsch nach einer Offenlegung der Möglichkeiten, Gelder beantragen zu können, damit die zur Verfügung stehenden Gelder auch genutzt werden können, wurde geäußert.

- „Es war unheimlich schwer, dem Personal beim Jugendamt klar zu machen, welche, und dass ich extra Unterstützung benötige, die hatten echt keine Ahnung von unserer Situation, konnte sich niemand wirklich vorstellen, musste daher um alles kämpfen, was sehr anstrengend [zusätzlich zu den sonstigen täglichen Mühsalen] war ..."
- „Anträge für z. B. Elterngeld, Kindergeld etc. sollten einem abgenommen werden, da man eigentlich nur auf der Neonatologie bei seinem Kind sein möchte und nicht irgendwelche für einen momentan total unwichtigen Formulare ausfüllen möchte. Noch dazu bis zu einem bestimmten Zeitpunkt."
- „Während der Krankenhauszeit habe ich einfach nur funktioniert. Erst ca. ein halbes Jahr später ist mir das Ausmaß bewusst geworden, und ich bekam psychische Probleme. Ich hätte mir eine Nachsorge für die Eltern gewünscht oder eine damals noch nicht vorhandene Selbsthilfegruppe [...]"

Diese Mutter wünscht sich auch eine intensivere Kontrolle und Prüfung der zuständigen Integrationserzieher(innen), da sie bemerkt hatte, dass diese sich kaum mit ihrem Kind befassten. Eine andere Mutter wünscht sich eine bessere Schulung der

6 Mehrfachnennungen waren möglich.

Kinderärztinnen und -ärzte was die Nachsorge der Frühchen betrifft. Außerdem wird eine Unterstützung beim Wiedereinstieg ins Berufsleben und Hilfe bei der Wohnungssuche gewünscht.

Auf einer Skala von eins bis zehn konnten die Mütter sich einordnen, inwieweit sie sich allgemein gesellschaftlich integriert fühlen (Frage: „Wo würden Sie sich und Ihr Frühchen allgemein, zusammenfassend, gesellschaftlich im Bezug auf Integration in unten stehender Skala einordnen?“). Zehn alleinerziehende Frühchen-Mütter (25 %) fühlten sich allgemein sehr gut integriert, gar nicht integriert fühlte sich keine der Mütter. Über 50 % der alleinerziehenden Frühchen-Eltern sind eher gut integriert.

Betrachtet man die verschiedenen Bereiche, so sieht man, dass die betroffenen Eltern mit 77,5 % (31 Mütter) sich am besten in ihrer Familien integriert fühlen. 26 Mütter (65 %) sind bei ihren Freunden gut integriert. Nur fünf Mütter fühlen (12,5 %) sich in der Kinderkrippe bzw. zwei Mütter (5 %) in der Schule integriert. Im Kindergarten fühlen sich zehn Mütter (25 %) gut integriert. In Vereinen etc. sind es drei Mütter (7,5 %). Allerdings möchte nicht jede Mutter Mitglied in einem Verein sein, viele Eltern wollen ihre Kinder überhaupt nicht in eine Kinderkrippe geben, und noch nicht alle Kinder sind in einem schul- bzw. kindergartenfähigen Alter. Des Weiteren fühlte sich eine Mutter integriert durch das Sozialpädagogische Zentrum. Eine andere fühlte sich durch die Tagesmutter und eine weitere durch das Ambulatorium für Entwicklungsverzögerung gut integriert.

Einige betroffene Mütter fühlen sich mit ihrem Kind gesellschaftlich nicht integriert. Viele wünschen sich, aufgrund von Entwicklungsverzögerungen nicht gleich als behindert abgestempelt zu werden bzw. dass die Gesellschaft auch besondere Kinder akzeptiert und mehr Verständnis für Eltern eines Frühchens aufbringt. So sollten diese Kinder im Rahmen ihrer Möglichkeiten auch in Vereine eintreten dürfen, um an einem normalen Leben teilhaben zu können, ohne ausgegrenzt zu werden. Manche Mütter wünschen sich mehr Austausch mit anderen Frühchen und Frühchen-Eltern sowie mit anderen Alleinerziehenden in Form von realen Treffen, dort würden sie sich besser verstanden fühlen. Außerdem besteht der Wunsch, dass ihnen Integrationsplätze angeboten werden, sodass sie selbst nicht lange danach suchen müssen. Darüber hinaus wünschen sie sich mehr Verständnis vom Arbeitgeber für ein häufigeres Kranksein des Kindes und die Chance auf einen guten Arbeitsplatz. Ebenso wird mehr Zutrauen in Alleinerziehende, sie als normale Eltern zu betrachten, sie nicht mit Schuld und falschem Mitleid zu belasten, gewünscht. Aufgrund der steigenden Zahlen an Frühgeburten sollten Kinderkrankenschwestern und -pfleger, Kindergartenpädagog(inn)en und Erzieher(innen) in ihrer Ausbildung auch mit dem Thema „Frühgeburt“ vertraut gemacht werden, um sie zu sensibilisieren. Ein besonderes Anliegen scheint allgemein mehr Aufklärung in der Gesellschaft zu sein. Die betroffenen Mütter wünschen sich mehr Förderung auch in städtischen Einrichtungen, so könnte z. B. je nach Bedarf ein(e) Integrationserzieher(in) eingesetzt werden. Bei chronisch erkrankten Kindern sollte ein Attest vom Arzt vorliegen, damit die Bescheinigung zur Vergabe der Medikation nicht ständig neu erbracht werden muss.

Zwei Eltern waren der Meinung, dass wir in unserem Fragebogen die finanzielle Situation zu wenig bedacht haben: „Woher die finanzielle Unterstützung letztlich kam und wer letztlich gut unterstützt hat, wo es [große] Verbesserungen geben sollte [...] ist ein großes Thema der Zukunft [und Gegenwart]" Eine andere Mutter hätte sich mehr Fragen zur Situation bei Mehrlingsgeburten gewünscht und eine weitere mehr Fragen zur Vereinbarkeit von Beruf und Familie bei Alleinerziehenden.

Unser Anliegen war die Erforschung der Situation alleinerziehender Frühchen-Eltern. Die Forschungsergebnisse zeigen, dass diese Gruppe spezielle Unterstützung und Hilfen benötigt. Zum Abschluss ein Wunsch von einer befragten alleinerziehenden Mutter: „Dass Kindergärten, Schulen, Arbeitgeber die Problematik einer Frühgeburt besser kennenlernen und verstehen, dass bei einem Frühchen mit der Entlassung aus dem Krankenhaus eben nicht ‚alles gut' ist. Sondern, dass Frühchen ein Leben lang anders denken, anders fühlen, die Welt aus einem anderen Blickwinkel betrachten."

Teil 3: Frühchen in Institutionen: Krippe, Kindergarten und Grundschule und die daraus folgenden Herausforderungen

Michaela Gross-Letzelter und Martina Winkler

Handlungsempfehlungen für Erzieher(innen) in der Krippe und im Kindergarten

Wie die vorherigen Beiträge gezeigt haben, muss auf die spezielle Situation von Frühchen eingegangen werden, damit ihre Entwicklung bestmöglich gefördert werden kann. Insbesondere wenn Frühchen erstmals in eine Institution wie Kinderkrippe oder Kindergarten kommen, sind einige Aspekte zu beachten, um für sie und ihre Eltern gute Bedingungen zu schaffen. In diesem Beitrag werden auf Basis der bereits dargestellten Erkenntnisse Handlungsempfehlungen für das Personal in der Krippe und im Kindergarten[1] gegeben.

Handlungsempfehlung 1: Beachtung des korrigierten Alters

Frühchen benötigen aufgrund ihrer Unreife und ihres niedrigeren Geburtsgewichts mehr Zeit für ihre körperliche Entwicklung und Belastbarkeit. Die Zuwendung muss in höherem Maße erfolgen als bei einem reifgeborenen Kind. Um Fehldiagnosen in der körperlichen, seelischen und geistigen Entwicklung des Frühchens zu vermeiden, ist das korrigierte Alter zu beachten. Das korrigierte Alter wird errechnet, indem zwischen dem errechneten Geburtstermin und der erreichten Schwangerschaftswoche die Differenz gebildet wird (Müller-Riekmann 2000). Die sich ergebende Wochenzahl wird vom Lebensalter des Kindes abgezogen (z. B. 40 errechnete Wochen minus 28 Schwangerschaftswochen ergibt zwölf Wochen Differenz). Ist ein Frühchen, das in der 28. SSW geboren wurde, also zwölf Wochen alt, hat es der Rechnung nach erst seinen richtigen Geburtstermin erreicht.[2]

> [...] Die Felicitas ist sehr spät gelaufen [...] Im Mai ist sie gekrabbelt. Da war sie in echt ein Jahr. Also am Papier ein Jahr und korrigiert [...] war sie acht Monate. Da ist sie gekrabbelt. Und jeder hat gesagt, meih, wenn die also da oben ein Jahr ist, dann läuft sie. Und sie ist aber nicht gelaufen. Die ist gekrabbelt, die hat Akrobatik gemacht [...] Die ist nicht gelaufen [...], tja dann [hat man] gedacht, naja, vielleicht ist doch irgendwo was kaputtgegangen. Man ... sozusagen ... das ist halt bei den Kindern [...] sieht man das halt nicht [...] sieht man das anders. Und dann aber zu Weihnachten ist sie dann gelaufen. Aber das ist dann [...] Die ist über ein halbes Jahr

1 Die Handlungsempfehlungen wurden von Michaela Gross-Letzelter für einen Vortrag für Krippeerzieher(innen) abgeleitet, die wörtlichen Zitate stammen aus Interviews, die von ihr mit Frühchen-Eltern geführt wurden (2009 und 2015). Die Beschreibung der besonderen Situation von Frühchen stammt wörtlich aus der mit einem Preis ausgezeichneten Diplomarbeit von Martina Winkler (geb. Baumgartner) aus dem Jahr 2009, die teilweise schon in Gross-Letzelter (2010) veröffentlich wurde.

2 Die Zeilenangaben beziehen sich auf die unveröffentlichten transkribierten Interviews, die von Prof. Dr. Michaela Gross-Letzelter 2009 und 2015 durchgeführt wurden.

DOI 10.1515/9783110525717-006

gekrabbelt. […] Und dann hat sie gefunden „Jetzt will ich!“, und dann ist die innerhalb von zwei Wochen sicher gelaufen. Und die wollte auch nie an der Hand gehen oder irgendwas […] das […] Ne!
I:[3] War das für Sie eine große Erleichterung?
B:[4] Ja, natürlich!
(Mutter F)[5]

Felicitas war somit ein Jahr und sieben Monate alt, als sie gelaufen ist, korrigiertes Alter: ein Jahr und drei Monate. Das zeigt, dass Frühchen auch mit korrigiertem Alter nicht immer die Entwicklungsschritte erreichen, die für ihr Alter typisch sind. Daraus ergibt sich die erste Handlungsempfehlung für Erzieher(innen) in der Krippe:

Kommt ein Frühchen z. B. mit einem Jahr in die Krippe, das in der 28. SSW geboren wurde (also zwölf Wochen zu früh), dann ist es eigentlich erst neun Monate alt. Das hat Auswirkungen auf die Entwicklung, besonders auf die motorische Entwicklung wie Rollen, Krabbeln und Laufen. Erzieher(innen) müssen lernen, sich auf das Entwicklungsniveau und die Bedürfnisse von Frühchen einzustellen. Da Frühchen-Eltern oft selbst verunsichert sind, ob ihr Kind den Entwicklungsstand etwa gleichaltriger Kinder hat, sollten Erzieher(innen) abklären, inwieweit das Frühchen von spezialisierten Ärzten/Ärztinnen versorgt ist. Eigene Beobachtungen der Erzieher(innen) können den Eltern als Orientierungshilfe dienen, ohne diese zu verunsichern.

Handlungsempfehlung 2: Ernährung

Frühchen sind oft kleiner und leichter als andere Kinder. Das kann bis zur Grundschule oder länger anhalten. Ein geringeres Gewicht und eine kleiner Größe müssen nicht grundsätzlich ein Nachteil sein, doch gibt es dazu wissenschaftliche Erkenntnisse. Sarimski (2000) zufolge haben Frühchen, vor allem solche mit Problemen mit der Lunge, einen erhöhten Kalorienbedarf, der nach der Entlassung aus der Klinik zu Hause nicht immer gewährleistet werden kann. In den ersten Lebenswochen können aufgrund einer Koordinationsunreife Schwierigkeiten in diesem Bereich auftreten. Eine beachtliche Gefährdung sowohl für die körperliche als auch die intellektuelle Entwicklung stellen sogenannte Gedeihstörungen dar (Sarimski 2000).

Zudem wird der für das Aufholwachstum (*catch up growth*) des Kopfumfangs und damit für das Wachstum des Gehirns nach einer intrauterinen Mangelentwicklung der benötigte Energiebedarf oftmals unterschätzt. Durch diese Mangelernährung kann die

3 „I“ steht für Interviewerin Michaela Gross-Letzelter.
4 Interviewpartner (B) sind Frühchen-Eltern aus dem Jahr 2009 und 2015.
5 Mutter F: Die befragten Familien wurden aus Anonymitätsgründen mit Buchstaben bezeichnet: Mutter F ist die Mutter von Felicitas (Name des Frühchens geändert); Vater A/Mutter A sind die Eltern von Alois (Name des Frühchens geändert). Genauere Ausführungen dazu finden sich in Teil 3 im Beitrag „Frühchen vom Kindergarten bis zur Schule“.

seelisch-geistige Entwicklung nachhaltig negativ beeinflusst werden (Brandt/Sticker/Höcky 1997). Eine dem Frühgeborenen angepasste Ernährung ist somit von entscheidender Bedeutung und muss von den Eltern geleistet werden, damit das körperliche und geistige Wohl des Kindes nicht dauerhaft geschädigt wird. Die Schwierigkeit für Eltern, ihr Frühchen optimal zu ernähren, ist jedoch auch in den häufigen Fütter- und Essproblemen dieser Kinder zu sehen. Es kann eine posttraumatische Fütterstörung entstehen, wenn das Kind z. B. beim Intubieren unangenehme Reize erfahren hat, was ein gelerntes Abwehrverhalten nach sich ziehen kann. Das Kind versucht, sich durch das Vermeiden der Nahrungsaufnahme vor erneuten Schmerzen zu schützen (Sarimski 2000).

> [...] Nachdem man uns gesagt hat, dass unser Kind [...] Also die ist zu klein, die ist ein Jahr zu klein [...] Also jetzt vom Standard her ein Jahr zu klein. Da haben die dann auch im [Krankenhaus] angefangen, Terror zu machen. So nach dem Motto „und die isst nicht genug, die wächst nicht genug“ und [...]! Also sie war [...] also 's Essen war schon [...] sehr belastet. [...] Ich denk, es war auch vom [Krankenhaus] zuerst mal, dass wir unter diesen Druck gesetzt wurden, so nach dem Motto „die muss essen! die muss mehr essen!“, sozusagen, „damit die mehr wächst.“ Und sie war sehr [...] und sie ist es jetzt immer noch [...] sehr, sehr wählerisch. Und am Anfang, also das ging extrem langsam, sie an irgendwas Neues zu gewöhnen. [...] Also [...] da ist eigentlich erst so der Knoten [...] der große Knoten hat sich eigentlich erst letztes Jahr gelöst. Es ist aber immer noch nicht so, dass sie jetzt da [...] alles isst, ja?
> (Mutter F)

Die Eltern stehen unter großem Druck, denn sie wissen, dass ihr Kind ausreichend essen muss, aber „Essen“ bei dem Frühchen negativ besetzt ist. Dieses Problem wird in die Krippe mitgebracht:

> [...] Wir haben da jetzt auch ein paar Probleme mit der Erzieherin gehabt, da müssen wir jetzt demnächst zum Elterngespräch. Da gibt es eine klärende Aussprache, weil wir mitgekriegt haben, dass er länger am Tisch sitzen musste oder bzw. weil er nicht richtig gegessen hat, da ist er bestraft worden. [...] Zum Beispiel ging es darum, dass er zum Schluss nur noch am Tisch sitzt und dann gesagt wird: „Wenn du aufisst, dann darfst du mit den anderen spielen.“ Dementsprechend fängt er an zu essen. [...] Den Kopf ganz runter und dann schlingt er alles rein, rein, rein. [...] Er soll ja aufrecht sitzen, nicht so gebückt. Auf der einen Seite sagen sie uns, er soll aufrecht sitzen [...] Wir sagen: Bleib gerade sitzen und den Löffel nach Möglichkeit vom Teller zum Mund. Wir haben so ergonomische Löffel, dass er diese Drehbewegung, die er noch nicht drauf hat, dass die damit erst einmal etwas kaschiert wird, na [...] und die Zeit, die Winterferien, wie er hier war, er hat sich so gebessert, in seiner ganzen Esshaltung [...] überhaupt im Essen. Im Kindergarten müssen wir das wieder [...] Da muss man dann energisch etwas dagegen tun. Das eine Mal, da sollte er ... das war das mit dem Obst, das er nicht essen wollte. [...] Da sollte er Banane essen und die wollte er partout nicht und da gab es [...] Ein Kind hatte Geburtstag und da gab es Katzenzungen und alle haben die gekriegt und er nicht, weil er nicht gegessen hat. Ich denke das ist Bestrafung für die Behinderung, und das finde ich nicht richtig.
> (Vater A)

Es gibt also zwei Probleme: Das erste ist, dass Frühchen aufgrund ihrer Essstörungen aus Sicht der Eltern benachteiligt werden. Das andere Problem ist die Frage, welche Ernährung für Frühchen gesund ist.

> [...] Das wissen die [Erzieherinnen], dass das Essen unser Hauptproblem ist [...] dass alles mit der Nahrungsaufnahme steht und fällt, weil eben – wie gesagt – Körpergewicht ihm zusetzt, wenn er krank ist [...] und, und, und [...] die ganze Entwicklung, das baut ja alles auf den Reserven auf. Wir erzählen ihr [der Erzieherin] vorher auch noch, dass er [...] kein Obst wegen der Säure wegen dem Reflux und alles [...]. Und da haben sie [die Ärzte, M. G.-L.] gesagt, es ist schon toll, wenn das Kind irgendetwas mit Freude isst. Und damals hatten wir beim Essen nur die Auswahl zwischen Monte Vanille und Monte Schoko. (lacht)
> (Vater A)

So stehen Erzieher(innen) vor einem großem Dilemma: Die Ernährung ist ein extrem wichtiges Element für die gesunde Entwicklung von Frühchen. Aber: Die Ernährung muss den Anforderungen jedes Frühchens genau angepasst sein. So kann z. B. ein eigentlich gesundes Lebensmittel wie Obst für Frühchen, die unter Reflux leiden, falsch sein.

Hieraus ergibt sich die zweite Handlungsempfehlung: Es bedarf einer Unterstützung der Eltern bei der Ernährung des Frühchens. Es muss mit Eltern (und Ärzten/Ärztinnen) genau abgestimmt werden, wie das Frühchen ernährt werden soll. Der gesamte Bereich „Ernährung" erfordert ein sensibles Vorgehen der Erzieher(innen) beim Kind und bei den Eltern. Wichtig ist, dass Frühchen lernen, gerne zu essen.

Handlungsempfehlung 3: Reifungsbedingte Probleme

Aufgrund der Frühgeburt können Frühchen unter Erkrankungen leiden oder die Frühgeburt kann Folgeschäden nach sich ziehen (siehe auch den Beitrag „Informationen zu Frühchen" in Teil 1). Die häufigsten gesundheitlichen Probleme von Frühchen sind Lungenerkrankung, Herzfehler, Retinopathie (Ablösung der Netzhaut), Hirnblutung, Darmentzündung und ein erhöhtes Infektionsrisiko (Jungmann 2003).[6] Die Anfälligkeit für Infektionen kann zu einer kompletten Isolation der gesamten Familie führen, um Ansteckungen zu vermeiden.

> [...] Wir hatten im ersten Jahr mehr oder weniger Hausarrest [...] Dass die sich nichts fängt, genau. [...] Also, da kann es nämlich, wenn es zu irgendeiner Infektion kommt, kommt es sofort zu irgendeiner Herzinfektion, zu Entzündungen. Und das war, glaube ich, eine Hauptgefährdung, das hat mir niemand so [...] verständlich gesagt. Also [...] ich dachte [...], und das

6 Vgl. auch: URL: http://lmt-medicalsystems.com/de/aktuelles/nachrichtendetails/die-haeufigsten-krankheiten-von-fruehgeborenen.html (letzter Aufruf: 13.05.2017).

war's wahrscheinlich auch, es geht um die allgemeinen Infektionen, weil das Kind einfach zu [...] zu schwach und zu anfällig ist, um dann [...] Weil das zu große Probleme schaffen könnte.
I: Das heißt aber Quarantäne, dass man sich nicht groß mit Freunden mit Kindern trifft, oder dass man [...]
B (unterbricht): Genau. Wir waren allein das erste Jahr. [...] Ich hab mich auf jeden Kinderarztbesuch gefreut, glauben Sie mir. [...] Und wo Sie jemanden hatten, der wenigstens mit Ihnen geredet hat. (lacht)
(Mutter F)

Nach Sarimski (2000) haben Frühgeborene eine sensorische Erregbarkeit, sie haben Probleme bei der Regelung bzw. Beeinflussung der Erregung und der Aufmerksamkeit und bei der Koordination von motorischen Reaktionen. „Außerdem sind Frühchen oftmals berührungs-, licht- und lärmempfindlich." (Müller-Rieckmann 2000: 15, 16) Es besteht die Gefahr, dass sich ohne geeignete Interventionen aus diesen vorübergehenden Belastungen eine dauerhafte Beziehungsstörung entwikkelt, da es sich in den ersten zwölf Lebensmonaten um eine extreme Irritierbarkeit und ein daraus resultierendes exzessives Schreien sowie um Schlaf- und Fütterungsstörungen des Frühchens handeln kann (Sarimski 2000). Es ist somit gut vorstellbar, dass Frühchen Probleme haben, wenn sie in einer Kindergruppe erhöhtem Lärmpegel und vielen Reizen ausgesetzt sind. Das kann bis ins Grundschulalter hinein anhalten.

[...] Sie isst auch nicht in der Schule. Sie kommt mittags nach Hause.
I: War Ihnen das auch wichtig, dass sie eine Halbtagsklasse hat, dass sie nach Hause kommt?
B: Sie schafft das kraftmäßig nicht.
I: Wär' zu lang einfach, oder?
B: Sie braucht [...] Sie schafft, das schafft sie nicht. Es strengt sie immer noch sehr, sehr an, alles [...] Also, des is auch was, was immer wieder von Frühchen-Eltern, also, sozusagen [...] Es strengt sie an, sie braucht die Pause. Sie braucht den Abstand von den anderen Kindern. Die, die Klasse, das Sozialgefüge, das ist anstrengend, sich da behaupten zu müssen. Und das Lernen [...] Sie kommt nach Hause und braucht eine Pause.
(Mutter F)

Es geht nicht nur um die Gruppengröße und den Lärmpegel. Frühchen können grundsätzlich Probleme haben, stabile Beziehungen aufzubauen und eine gesunde Interaktion zu gestalten. Es ist die Gefahr gegeben, dass die Entwicklung einer ausgeglichenen Interaktion und Beziehung bei dem Frühchen erschwert wird (Sarimski 2000). Frühchen reagieren oft mit Schreien, und dieses Schreien wird qualitativ anders beurteilt als das von Reifgeborenen. So wird das Schreien ersterer als unangenehmer empfunden als das Reifgeborener (Vonderlin 1999). Frühchen schreien nicht nur häufiger, sondern auch schriller und arythmischer. Ihr Schreien wird als aversiv erlebt und führt zu stärkerer psychophysiologischer Erregung der Betreuungspersonen als das Schreien Reifgeborener (Engfer 1986).

> [...] Ich mein, das ist [...] wie soll ich mich ausdrücken [...] Das kann sich keiner vorstellen. [...] Die hat auf jedes elektrische Geräusch mit Panik reagiert. Wir konnten nicht staubsaugen, nicht föhnen, nichts. Ja? Also [...]
> I: Weil sie immer gleich zu schreien angefangen hat, oder?
> B: Panisch [...] panisch zum Schreien angefangen. Und sie liebt's heute noch nicht. Sie toleriert jetzt [...] sie kann jetzt intellektuell den Staubsauger erkennen, aber [...] Es geht jetzt schon, wenn sie's intellektuell erfasst, was läuft. Aber Sie können einem einjährigen Kind nicht beibringen, das ist der Staubsauger und der tut dir nichts [...] Also das sind halt lauter solche Sachen. Dann hat die dauernd geklammert. Ich hab Tage damit verbracht, am Sofa zu sitzen und dieses Kind zu halten, weil's der nicht gut ging, weil [...] Die hat sich nicht ablegen lassen. Ich hab die zwei Jahre nur getragen [...]
> (Mutter F)

Laut Vonderlin (1999) zeigen verschiedene Studien deutliche Unterschiede zwischen Früh- und Reifgeborenen z. B. in ihrer Reaktionsbereitschaft und in der Regulation des Aktivitätsniveaus, was sie zu „schwierigen“ Kindern machen kann. Zudem ist die Aufmerksamkeitsspanne frühgeborener Kinder kürzer und sie reagieren weniger auf Reizangebote aus ihrer Umwelt. Wenn diese Kinder jedoch reagieren, dann behalten sie diesen Erregungszustand länger bei und sind schwieriger zu beruhigen (Vonderlin 1999). Dazu sind frühgeborene Kinder in ihrem Ausdrucksverhalten weniger positiv, sie lächeln die Mutter seltener an und geben weniger Laute von sich (Vonderlin 1999).

Die dargestellten reifungsbedingten Probleme führen zu folgenden Handlungsempfehlungen: Je früher Frühchen zusätzlich gefördert werden, umso eher lassen sich Verfestigungen vermeiden bzw. umso mehr Fortschritte kann die gezielte Förderung erreichen. Erkennen Erzieher(innen) Auffälligkeiten, so sollten die Kinder schnellstmögliche Förderung, z. B. in der Motorik, erhalten. Wenn das Personal für bestimmte Bereiche nicht qualifiziert ist, dann sollte externe Förderung ermöglicht werden. Die Erzieher(innen) sollen fördern, aber auch fordern – das individuelle Entwicklungspotenzial des Kindes sollte entdeckt und genutzt werden.

Frühchen sind oft anfällig für Infektionen. So sollten die Erzieher(innen) in Absprache mit den Eltern auf Erkennungszeichen achten oder bei in der Krippe umgehenden – auch bei normalerweise harmlosen – Krankheiten die Frühchen-Eltern informieren. Erzieher(innen) sollten ein Bewusstsein dafür haben, dass Frühchen empfindlich sind und oft anders reagieren als man es von Kindern in diesem Alter erwartet. Sie müssen Geduld und Einfühlungsvermögen zeigen und auf die Reaktionen des Kindes eingehen, ohne durch zu viel Aktivität den Zustand zu verschlimmern. Sie müssen sich insbesondere auf Panikattacken und exzessives Schreien einstellen. So sollten die Erzieher(innen) beobachten, wann ein solcher Zustand eintritt und worauf das Frühchen wie reagiert, um es langsam auf entsprechende Situationen vorzubereiten und heranzuführen.

Handlungsempfehlung 4: Frühgeburt als kritisches Lebensereignis für die Eltern

Die Geburt eines Kindes kann als problematisch empfunden werden, da sie laut Jotzo (2004) zu den kritischen Lebensereignissen zählt. Diese sind „[...] durch Veränderungen der [sozialen] Lebenssituation der Person gekennzeichnet [...]" und müssen „[...] mit entsprechenden Anpassungsleistungen durch die Person beantwortet werden." (Filipp 1981: 23). Die gelingende Anpassung an die neue Situation hängt von Personenfaktoren (z. B. Vorerfahrung mit ähnlichen Situationen, körperliche und psychische Verfassung) und Kontextmerkmalen (z. B. soziale Unterstützung) ab. Der Übergang zur Elternschaft bedeutet insofern für alle Eltern eine Belastung, jedoch übersteigen die Belastungen der Eltern frühgeborener Kinder deutlich die von den Eltern reifgeborener Kinder.

Auf die Frühgeborenen-Eltern kommen erhöhte Anforderungen im kognitiven, emotionalen und handelnden Bereich zu. Es scheint, dass die Phase der Überwältigung und Erschöpfung bei Eltern von Frühchen deutlicher ausgeprägt ist als bei Eltern Reifgeborener. „In den ersten Wochen treten bei den Eltern extreme emotionale Labilisierung, intensive depressive Gefühle, Trauer, Hilflosigkeit, Verzweiflung und häufig auch psychosomatische Symptome auf." (Jotzo 2004: 23) Oftmals hält dieser Zustand bis zur Klinikentlassung des Frühchens an, die je nach Gesundheitszustand Wochen oder Monate dauern kann (Jotzo 2004). Frühchen-Eltern haben Angst um das Überleben und die Zukunft ihres Kindes. Dessen oftmals unsicherer gesundheitlicher Zustand lässt die Eltern nicht zur Ruhe kommen. Erlebte Gefühle in dieser Zeit sind Hilflosigkeit, Hoffnung, Schuldgefühle, Enttäuschung, Machtlosigkeit, Niedergeschlagenheit, Angst, Insuffizienzgefühle, Ohnmacht, Panik, Deprimiertheit und Wut. Hinzu können ziemlich rasche Stimmungswechsel zwischen Optimismus und Verzweiflung, Zuversicht und Verdrängung von schlechten Nachrichten kommen (Sarimski 2000).

Der Grund für die Frühgeburt stellt automatisch die Frage nach der Schuld. Wer oder was war schuld daran, dass das Kind zu früh geboren wurde? Diese Frage beantworten sich die Mütter häufig selbst, indem sie sich die Schuld geben – meist ohne die genauen medizinischen Fakten zu berücksichtigen. Unter solchen Schuldgefühlen können Mütter extrem leiden.

Im Beitrag „Belastungen und Unterstützung von Frühchen-Eltern während der Klinikzeit" in Teil 1 wurden bereits die psychischen Belastungen während der Zeit im Krankenhaus und in der ersten Zeit zu Hause aufgezeigt. Hier wird in einem Zitat deutlich, welchen Belastungen eine Mutter ausgesetzt ist, deren Kind einen Reflux hat und sich mehrmals täglich erbricht:

> [...] Du nimmst ihn hoch und dann stehst du plötzlich da und bist nass bis auf die Unterhose [...] also [...] und da bist du dann alleine [...] Da hast du das weinende, erbrochene Kind, dem es ganz schlecht geht, und du selber bist nass und [...] alles ist voll [...] ähm [...] das dreimal am Tag [...] und das über [...]Wochen, ja Monate, Jahre [...] und du bist mutterseelenalleine. [...] Aber es

> gab niemanden auf weiter Flur niemanden [...] wie gesagt [...] ich hatte jetzt noch Pech. Meine Freundinnen haben dann so tolle Ideen gehabt wie: „Ach, dann gehen wir doch mittags Sushi essen von zwölf bis eins.“ (lacht) Gute Idee, da bin ich total entspannt danach.
> (Mutter A)

Auch wenn es im Freundeskreis bereits Kinder gibt, sind doch die Lebenswelten mit einem Frühchen als Kind völlig anders.

> [...] Aber, sozusagen, es ist ganz klar, die Kinder, die sind halt, wissen Sie, wenn ich, ich, wenn ich Vollzeit arbeite und drei Kinder hab und die ticken alle [normal, M. G.-L.], dann ist das, dann erleben die was anderes, als wir erleben. [...] Also völlige, völlig unterschiedliche Familienwelten, einfach. [...] Man kann sich treffen, aber man geht auseinander und jeder weiß, [...] man lebt ein anderes Leben.
> (Mutter F)

Frühchen-Eltern müssen sich mit existenziellen Ängsten auseinandersetzen: Überlebt mein Kind? Wird es gesund sein? Wie werden wir die Zukunft schaffen? Frühchen-Eltern mussten sich im Krankenhaus ganz den Ärzt(inn)en und dem Pflegepersonal anvertrauen. Erst wenn das Kind nach Hause kommt, haben die Eltern erstmals die völlige Verantwortung für ihr Kind, was sie teilweise auch überfordert.

> [...] Und [...] des war wirklich schwer, weil in der Klinik hast du null Verantwortung und auch, ja [...] im gewissen Sinn natürlich schon Rechte, du wirst als Eltern schon ernst genommen, aber du hast keine eigene Entscheidungsgewalt, sondern es wird halt gemacht, was für das Kind am besten ist [...] Sehr schwer, ihn dazulassen, und andere Leut' wissen viel besser, was für dein Kind gut ist, als du [...] Also ich hatte es bei meiner Freundin gesehen, da wird – da werden die Eltern gefragt, ob das Kind einen Schnulli haben soll oder nicht, ob es Tee trinken soll oder nicht, du hast über alles Mitspracherecht. Zu uns wurd' halt g'sagt: So, wir wissen viel besser, was für ihn gut ist ... und das fand ich sehr schlimm. [...] So [...] total [...] bevormundet schon. Sicher war das richtig, und natürlich [...] und sie haben ihm das Leben gerettet und wir sind dankbar und es ist ganz toll, dass es das gibt [...] aber ist für einen selber halt dieses komplette Loslassen und Heimkommen ohne Bauch und ohne Kind [...] des war für mich ganz schlimm.
> (Mutter A)

Die Fragebogenergebnisse (siehe Beitrag „Belastungen und Unterstützung von Frühchen-Eltern während der Klinikzeit“ in Teil 1) zeigen: Das am meisten vorherrschende Gefühl, als das Frühchen zum ersten Mal aus dem Krankenhaus nach Hause kam, war Freude (83 %). Ebenfalls wurde mit 69 % eine große Erleichterung bei den Eltern der Frühchen verspürt. Allerdings zeigen die Ergebnisse auch, dass negative bzw. belastende Gefühle wie Unsicherheit (59 %) und die Sorge, ob die Eltern ohne ärztlichen Beistand mit dem Kind zurechtkommen (37 %), ebenfalls eine Rolle spielen.

Oft kommt das Frühchen auch aufgrund unregelmäßiger Atmung mit einem Überwachungsmonitor nach Hause, was zu vielen Fehlalarmen führen kann. Dies ist eine zusätzliche Belastung. Deshalb überwiegt bei manchen Eltern weiterhin die Angst um ihr Kind.

> [...] Ich glaub einfach [...] also ich glaub, die physische Versorgung war nicht das Problem für uns. Also für mich war es immer noch die Panik so nach dem Motto, das Kind könnte uns ja morgen unter den Fingern wegsterben. (lacht kurz)
> (Mutter F)

Ängste um das Kind können auch dazu führen, dass Eltern ihr Kind schwer einer anderen Person anvertrauen können. Zudem erfahren Frühchen und deren Eltern zumeist erst im Kindergarten- oder Schulalter die notwendige Hilfe, die schon viel früher nötig gewesen wäre, da oftmals erst dann die Schwierigkeiten, mit denen die Kinder und ihre Eltern zu kämpfen haben, interventionsbedürftig erscheinen.

Bezüglich der Frühgeburt als kritisches Lebensereignis für die Eltern ergeben sich folgende Handlungsempfehlungen: Frühchen-Eltern haben ein traumatisches Ereignis durchlebt. Für manche ist die schwere Zeit noch nicht zu Ende. Frühchen-Eltern fühlen sich aus der Krankenhauszeit heraus vielleicht bevormundet. So müssen Erzieher(innen) sehr behutsam Hilfen anbieten, ohne die Eltern in ihrem erzieherischen Verhalten zu kritisieren oder ihnen eine verantwortungsvolle Elternschaft abzusprechen. Zudem brauchen die Erzieher(innen) Verständnis für die (vielfältigen) Ängste der Eltern. Es kann z. B. sein, dass der Ablöseprozess sowohl vonseiten des Kindes als auch vonseiten der Eltern/Mütter länger dauert als bei einem reifgeborenen Kind. Deshalb ist es sinnvoll, schon in der Krippe mit präventiven Maßnahmen für Frühchen und deren Eltern zu beginnen. Wenn Frühchen frühzeitig beispielsweise Ergotherapie erhalten, können motorische Defizite vielleicht im Anfangsstadium behoben werden. Damit können mögliche spätere Störungen schon in ihrer Entstehung wirksam bekämpft werden. Bei den Eltern ist die soziale Vernetzung ein wichtiger Aspekt, gerade wenn sie isoliert sind. Manche Frühchen-Eltern benötigen professionelle Unterstützung für die Betreuung und die Organisation des Alltags. Dazu sind niedrigschwellige Angebote hilfreich.

Wichtig ist, Folgendes zu beachten: Jede Frühchen-Familie ist anders. Es gibt einfache Verläufe der Entwicklung der Kinder, und es gibt Kinder, die unter Folgeschäden leiden. Es gibt Mütter, die gut mit der extremen Situation zurechtkommen und andere Mütter, die trotz gesundem Frühchen schwer unter Schuldgefühlen oder Ängsten leiden. So muss das Verhalten der Erzieher(innen) immer individuell an das Kind und dessen Eltern angepasst werden. Nicht alle Frühchen-Eltern benötigen Hilfe und Unterstützung. Einige verfügen über ausreichend eigene Ressourcen oder haben bereits Unterstützung eingefordert, andere können die schwere Zeit, die hinter ihnen liegt, abhaken und sich ganz an ihrem Familienleben erfreuen.

Michaela Gross-Letzelter

Frühchen vom Kindergarten bis zur Schule

Dieser Beitrag beschäftigt sich mit einer weiteren Lebensphase der Frühchen. Sie werden älter, gehen in den Kindergarten und müssen nun den Übergang in die Schule bewältigen. Die Ergebnisse basieren auf einer qualitativen Längsschnittstudie.

1 Methodisches Vorgehen

Im Jahr 2009 wurden qualitative Interviews mit Frühchen-Eltern geführt. Zielgruppe waren Eltern, deren Kinder in den Jahren 2005, 2006 oder 2007 geboren wurden und bei der Geburt unter 1500 Gramm wogen. Bei den Interviews wurde ersichtlich, dass die ursprüngliche Zielgruppe nicht ganz eingehalten werden konnte. Einige der Befragten hatten ein Kind oder Mehrlinge, die bei der Geburt über 1500 Gramm (bis zu 2000 Gramm) wogen. Aus forschungsethischen Gründen sollte damals niemand, der sich gemeldet und Redebedarf hatte, abgewiesen werden. Es ist zu vermuten, dass diese Eltern von anderen Betroffenen von der Untersuchung erfahren hatten. Bei der Befragung stellte sich heraus, dass alle Eltern, die sich meldeten, subjektiv unter den Belastungen der Frühgeburt sehr gelitten haben und dass das Geburtsgewicht nicht unbedingt der entscheidende Faktor für diese empfundenen Belastungen war. Das mag aus medizinischer Sicht, bei der das Geburtsgewicht deutlich den Gesundheitsverlauf bestimmen kann, anders sein. Für das Ziel der Untersuchung, die Belastungen von Frühchen-Eltern zu erforschen, ist auch ein etwas höheres Geburtsgewicht bei den Interviews vertretbar. So konnten elf Interviews geführt werden.[1]

Die empirische Studie war als Längsschnittstudie angelegt. Es war geplant, jeweils nach ca. fünf Jahren die teilnehmenden Eltern nochmals zu befragen. 2015 wurden alle Eltern angeschrieben. Es stellten sich fünf Eltern für ein weiteres Interview zur Verfügung. Damit können in dieser Panelstudie die Lebensläufe der Frühchen, aber auch die Einschätzungen der Eltern über mehrere Jahre hinweg nachvollzogen werden. Von den fünf Interviews wurden drei mit Mutter und Vater geführt, die restlichen zwei mit den Müttern. Alle Interviews wurden mit einem digitalen Tonbandgerät aufgezeichnet und transkribiert. Die transkribierten Interviews wurden methodengeleitet ausgewertet. Die Auswertungsmethoden basieren auf langjährigen Erfahrungen und sind angelehnt an die „Grounded Theory" nach Strauss/Corbin (1996) sowie dem „Zirkulären Dekonstruieren" nach Jaeggi/Faas/Mruck (1998) und werden ergänzt durch Miller (2012).

1 Gross-Letzelter (2010): Frühchen-Eltern – Ein sozialpädagogisches Forschungsprojekt.

DOI 10.1515/9783110525717-007

2 Kurzportraits der interviewten Familien

In Kapitel 2 werden die befragten Familien in Kurzportraits dargestellt. Zunächst wird die Situation bei der ersten Befragung im Jahr 2009 beschrieben und danach die Lage im Jahr 2015. Bei der ersten Befragung waren es 11 Familien. Um die Anonymität und den Datenschutz zu beachten wurden den Familien Buchstaben gegeben und den Kindern Fantasienamen mit dem gleichen Anfangsbuchstaben (z. B. Familie E mit Elias und Eric oder Familie F mit Felicitas). Damals reichten die Buchstaben von Familie A bis Familie K. Da nur fünf Familien an der Längsschnittstudie beteiligt blieben, fallen nun einige Buchstaben weg. Die ursprünglichen Bezeichnungen wurden beibehalten, damit die Familien in den unterschiedlichen Erhebungsphasen erkennbar bleiben.

2.1 Elias und Eric

Im Jahr 2009

Elias und Eric wurden in der 31. SSW mit über 1500 Gramm geboren. Sie sind die einzigen Kinder der Familie E. Die Zwillingsschwangerschaft war von einer vorherigen Fehlgeburt beeinflusst. Erst sehr spät wurde damals erkannt, dass dieses Kind nicht lebensfähig sein würde. Frau E hatte daraufhin eine Totgeburt. Dieses einschneidende Erlebnis überlagerte die Zwillingsschwangerschaft und beeinflusste auch zu diesem Zeitpunkt noch den Familienalltag. Elias und Eric sind gesund und entwickeln sich normal. Frau E ist durch die traumatische Fehlgeburt sehr belastet. Sie hat sich viele Ressourcen geschaffen, um ihr Leben zu bewältigen. Wegen des verstorbenen Kindes besucht sie eine Trauergruppe, hat eine Haushaltshilfe und verfügt über ein stabiles soziales Umfeld, sowohl in der Nachbarschaft als auch in der Familie. Ihr Mann ist sehr in der Kinderbetreuung engagiert.

Im Jahr 2015

Die Zwillinge Elias und Eric gehen in die 2. Klasse einer Regelschule, aber in getrennte Klassen. Sie sind beide musikalisch und spielen Klavier. Frau E arbeitet drei Tage pro Woche und hat immer wieder Zeiten, in denen es ihr psychisch nicht gut geht. Sie hat ein stabiles Netzwerk, das ihr in diesen Phasen hilft. Der Mann steht ihr in allen Bereichen unterstützend zur Seite, die Familie hat ein Au-pair-Mädchen, und Frau E befindet sich in therapeutischer Behandlung. Das Interview wurde zunächst mit der Mutter und am Ende mit beiden Eltern geführt.

2.2 Felicitas

Im Jahr 2009

Felicitas kam bereits in der 26. SSW mit unter 800 Gramm zur Welt. Ihr Krankenhausaufenthalt verlief sehr dramatisch. Felicitas ist das einzige Kind, und ihre Mutter musste ihren Alltag vollständig auf die besonderen Bedürfnisse ihrer Tochter abstimmen. Das erste Jahr zu Hause war gesundheitlich für Felicitas sehr belastend und für die Mutter aufgrund der Infektionsgefahr von Isolation geprägt.

Frau F stößt mit dem Wunsch nach bestmöglicher Förderung von Felicitas auf Bürokratiehürden und fehlendes Verständnis seitens der Institutionen. Das soziale Umfeld ist vorhanden, kann aber wenig Hilfe und Unterstützung anbieten.

Im Jahr 2015

Felicitas ist entwicklungsverzögert, sie ging drei Jahre in den Förderkindergarten und besuchte danach das schulvorbereitende Jahr. Es folgte die Einschulung mit sieben Jahren in eine Regelschule. Felicitas erhält Unterstützung durch einen Schulbegleiter. Sie ist nun in der 3. Klasse. Die Mutter hat ihren Beruf aufgegeben und ist ganz für die Betreuung und Unterstützung ihrer Tochter da.

2.3 Gina

Im Jahr 2009

Gina erblickte in der 30. SSW mit 1100 Gramm das Licht der Welt. Sie hat eine ältere Schwester, Gemma. Zwischen den beiden Mädchen hat Frau G eine Fehlgeburt erlitten. Dadurch war die Schwangerschaft mit Gina sehr belastet. Die Angst, dass das Kind im Mutterleib wieder sterben könnte, war bei Frau G stets vorhanden. Die Schwangerschaft wurde engmaschig überwacht. Gina ist sehr klein und zierlich, entwickelt sich aber ansonsten völlig normal.

Die Belastungen waren vor allem während der Schwangerschaft und in der Klinik spürbar. Nun lebt die Familie einen normalen Alltag, wie Frau G betont. Das soziale Umfeld war eine große Unterstützung, gerade als Gina noch in der Klinik lag. Wenn die Eltern sich die Betreuung für die ältere Tochter nicht leisten konnten, holten und brachten Nachbarn sie zur Schule und nahmen sie am Nachmittag zu sich.

Im Jahr 2015

Gina wurde mit fünf Jahren eingeschult und besucht die 3. Klasse der Regelschule. Bei ihrer großen Schwester Gemma wurde Diabetes Typ 1 festgestellt. Die Familie lebt mit dieser chronischen Krankheit. Frau G arbeitet in einer verantwortungsvollen Position und vereinbart Beruf und Familie.

2.4 Jakob

Im Jahr 2009

Jakob wurde in der 30. SSW mit 930 Gramm geboren. Die Schwangerschaft war für Frau J sehr belastend. Sie trägt beruflich eine alleinige große Verantwortung. Es war kaum möglich, ihren Ausfall zu organisieren. Zugleich wollte Frau J das Beste für ihr Kind. Dieser fast unauflösbare Zwiespalt stürzte sie in große Verzweiflung. Darüber hinaus war Frau J während der Schwangerschaft gesundheitlich stark eingeschränkt. Jakob hatte einen einfachen Verlauf in der Klinik, ist gesund und normal entwickelt.

Die belastende Situation in der Schwangerschaft bestimmt noch zu diesem Zeitpunkt das Leben von Frau J. Das mangelnde Verständnis für ihre außerordentliche Lage beschäftigt sie besonders. Ihr Mann ist ihr aber eine große Unterstützung. Er fühlt mit ihr und engagiert sich sehr in der Kinderbetreuung. Das Leben der Familie J ist stark religiös geprägt.

Im Jahr 2015

Jakob wurde mit sieben Jahren eingeschult und besucht die 1. Klasse der Regelschule. Er benötigt immer wieder Therapien. Die Eltern J fühlen sich von Ärzten und Institutionen bevormundet und in ihrer Eigenschaft als Eltern kritisiert. Sie sehen eine der Ursachen darin, dass sie einen Rollentausch vorgenommen haben. Seit der Geburt kümmert sich der Vater ganztägig um Jakob und Frau J leitet den eigenen Betrieb. Das Gefühl, dass sie als Eltern schrittweise entmündigt werden, belastet beide Eltern sehr, aber insbesondere die Mutter. Beim Interview waren beide Eltern anwesend.

2.5 Konstanze und Kornelia

Im Jahr 2009

Der Verlauf der Zwillingsschwangerschaft von Konstanze und Kornelia war sehr dramatisch. Sie kamen in der 28. SSW mit ca. 1000 Gramm zur Welt. Lange Zeit sah es so aus, als würde Frau K die Kinder verlieren. Sie lag viele Wochen im Klinikum und musste mit ihrem Mann schwerwiegende Entscheidungen treffen. Sie haben noch einen älteren Sohn Kilian.

Die langen Krankenhausaufenthalte erst der Mutter und später der Zwillinge erforderte eine genaue Organisation der Betreuung von Kilian. Familie K lebt eng mit ihrer weiteren Familie zusammen, und Eltern und Geschwister halfen in dieser Zeit bei der Betreuung des älteren Sohnes. Ihr Glaube und ihre Vernetzung in der Kirche halfen dem Ehepaar K in der für sie so belastenden Zeit.

Die Zwillinge haben sich altersgerecht entwickelt und Familie K lebt einen normalen Alltag. Doch die Belastungen der ersten Zeit sind noch spürbar. Bei dem Interview waren Mutter und Vater anwesend.

Im Jahr 2015

Konstanze und Kornelia besuchen die 2. Klasse der Regelschule. Beide spielen ein Musikinstrument, Klavier und Cello. Die Mutter K hat ein Trauma erlitten durch die gesundheitlichen Probleme des Sohnes Kilian nach der Geburt und durch die dramatische Zwillingsschwangerschaft und Frühgeburt. Es äußert sich durch Ängste und Sorgen, die sie sich um die gesunden und gut entwickelten Kinder macht. Das Interview wurde mit beiden Elternteilen geführt.

3 Der Übergang in die Schule

Im Folgenden werden die Interviewergebnisse dargestellt, die aufzeigen, wie die befragten Eltern die Kindergartenzeit und vor allem den Übergang vom Kindergarten in die Schule ihrer Frühchen erlebt haben.

3.1 Transition

Der Übergang vom Kindergarten in die Grundschule wird in der Theorie als Transition bezeichnet. „Transitionen sind erwartete oder plötzliche Übergänge im Lebenslauf, in denen das Individuum Lebensbereiche wechselt und dabei Veränderungen in Status, Rolle und/oder Identität erfährt. Auf die Kinder bezogen wird angenommen, dass der Schuleintritt für sie mit tief greifenden, die Identität betreffenden Umstrukturierungen verbunden und von starken Gefühlen begleitet ist.“ (Faust 2013: 33)

Tabelle 1 zeigt, welche Anforderungen die Kinder bewältigen müssen:

Tab. 1: Struktur der Entwicklungsaufgaben (URL: http://www.ifp.bayern.de/imperia/md/content/stmas/ifp/hintergrundinformationen_zum_verst__ndnis_von_transitionen.pdf, S. 4).

Ebene des Einzelnen	Ebene der Beziehungen	Ebene der Lebensumwelten
Veränderung der Identität: Erwerb eines Selbstbilds als kompetentes Schulmädchen bzw. kompetenter Schuljunge	Veränderungen von Beziehungen: Verluste in Hinsicht auf Kindergartenfachkraft, auf andere Kinder im Kindergarten, mehr Selbstständigkeit in Hinsicht auf Eltern, evtl. veränderte Beziehungen zu mitbetreuenden Verwandten (Großeltern)	Integration unterschiedlicher Lebensbereiche: Umgebung und Anforderungen von Familie und Schule
Bewältigung starker Emotionen wie Stolz, Freude, Neugier, Ungewissheit oder Bedrohung	Aufnahme neuer Beziehungen zu Lehrkraft und gleichaltrigen sowie älteren Schulmädchen/-jungen, evtl. in zusätzlicher Einrichtung (z. B. Hort)	Wechsel des Curriculums von Elementarpädagogik zum Lehrplan
Kompetenzerwerb: Ausbau von Basiskompetenzen und Erwerb unterrichtsnaher sowie schulischer Kompetenzen Entwicklung eines Gefühls von Zugehörigkeit zur Schülerschaft als einer Gemeinschaft von Lernenden (Wir-Gefühl)	Rollenzuwachs als Schulkind und Verarbeitung von Rollenunsicherheit bei unklaren Erwartungen und drohenden Sanktionen	Evtl. Bewältigung weiterer zeitnaher familialer Übergänge wie Geburt von Geschwistern, Aufnahme oder Verlust von Erwerbstätigkeit der Eltern, Elterntrennung

Die meisten Kinder schaffen den Übergang vom Kindergarten zur Grundschule gut, obwohl viele Anforderungen an sie gestellt werden.

> Nur 4% bzw. 5% der Kinder zeigten aus Sicht der Erzieherinnen und Erzieher, Lehrerinnen und Lehrer und Eltern ein halbes Jahr vor sowie nach dem Schuleintritt ängstlich-depressives Verhalten, Aufmerksamkeitsprobleme oder körperliche Beschwerden. Die Kinder, welche [...] Übergangsprobleme nach dem Schulanfang hatten, sind fast ausschließlich Kinder, bei denen sich bereits neun Monate vor der Einschulung Schwierigkeiten im Lernen oder im Verhalten in der Kindertagesstätte beobachten ließen. (Liebers 2013: 67)

Der Übergang verursacht keine psychosozialen Veränderungen des Kindes, sondern verstärkt bestehende Probleme (Faust 2013: 34). Als besonders anfällig werden genannt: „[...] jüngere Kinder unter den fristgerecht Eingeschulten (aber mit Ausnahme der Einschätzung der technisch-mathematischen Fähigkeiten nicht die vorzeitig Eingeschulten), Jungen, Kinder, die mit vier Jahren schlechtere Lernvoraussetzungen hatten und aus Elternhäusern mit niedrigerem Bildungsniveau kommen." (Faust 2013: 34)

Frühchen werden nicht explizit aufgeführt, aber wenn man sich die Risiken von Frühchen im Schulsystem ansieht, müsste man sie ebenfalls zur Risikogruppe zählen. Frühchen haben ein erhöhtes Risiko für Entwicklungsabweichungen, das sog. „doppelte Entwicklungsrisiko" (Gawehn 2011: 21). Dies bedeutet eine Kombination aus biologisch-medizinischen Risiken mit daraus erwachsenden sozialen Einschränkungen. Für die Schule kann dies eine besondere Herausforderung bedeuten. „Wenn sich z. B. ein Kind im Vorschulalter sehr anstrengen muss, einen Stift im Erwachsenengriff in der Hand zu halten und erste Formen nachzuzeichnen, kann es ein nahezu unüberwindbares Hindernis werden, Aufgaben mit ‚höherem Schwierigkeitsgrad' wie das Schreibenlernen von Buchstaben oder das Abschreiben von einer Tafel zu bewältigen, weil eine grundlegende Fertigkeit noch nicht abschließend erworben wurde." (Gawehn 2011: 21)

Es gibt Untersuchungen, die zeigen, dass ein hoher Anteil von extrem Frühgeborenen nicht die altersentsprechende Grundschulklasse besucht (zwischen 38 % und 60 %), bis zu einem Viertel dieser Frühchen wiederholen eine Schulklasse (Gawehn 2011: 21 f.). „Mit einer Prävalenz von 22,8 % besuchen Frühgeborene häufiger als die reifgeborenen Gleichaltrigen (7,1 %) Förderschulen." (Gawehn 2011: 22) Zudem zeigt sich, dass diese Anfangsschwierigkeiten nicht behoben werden, sondern andauernd während der Schulzeit zu beobachten sind. Man spricht von „stabilen Defiziten in einigen Entwicklungsbereichen [...], die sich keinesfalls über die Zeit auswachsen" (Gawehn 2011: 22). Dies bedeutet, dass Frühchen einen kollektiven Übergang bewältigen müssen, der an alle Kinder ihrer Altersstufe gestellt wird. Gleichzeitig wird dieser Übergang mit individuellen Besonderheiten jedes Kindes gestaltet.

> Innerhalb des Bildungssystems sind Heranwachsende mit standardisierten Übergangssituationen konfrontiert, die sich im Rahmen einer Kohorte vollziehen sollen. Die Analyse zeigt, dass gleiche institutionelle Passagen mit subjektiv sehr unterschiedlichen Anforderungen verknüpft sein können, die zu unterschiedlichen Verarbeitungsformen in der individuellen Biografie führen. Das bedeutet, dass auch die kollektiven Statuspassagen im Bildungssystem Erfahrungen bieten, die zur Individualisierung beitragen [...] Die Verknüpfung von Übergang und Leistungsauslese führt dazu, dass biografische Erfahrungen in einem hohen Maß mit den Kategorien von „Erfolg" und „Versagen" verknüpft sind. Individualisierung bedeutet dann auch, in Laufbahnen unterschiedlichen Prestiges eingewiesen zu werden. Dies alles führt dazu, dass bei solchen Übergängen in besonders starkem Maße ein leistungsorientiertes Selbstbild (sei es positiv oder negativ) geprägt wird.
> (Tillmann 2013: 28 f.)

So hat das Gelingen des Übergangs vom Kindergarten in die Grundschule große Bedeutung für die gesamte Biografie von Frühchen. Hier werden die Weichen für den Bildungsverlauf gestellt. In den folgenden Unterkapiteln wird betrachtet, wie der Übergang bei den befragten Familien erfolgt ist und welche Schwierigkeiten dabei aufgetreten sind. Zunächst aber wird erläutert, welche Anforderungen an Kinder gestellt werden, die die Schule besuchen wollen.

Exkurs: Schulfähigkeit in Bayern

In Art. 37 des Bayerischen Gesetzes über Erziehungs- und Unterrichtswesen (BayEug)[2] ist festgelegt, wann ein Kind schulpflichtig wird:[3]

„(1) Mit Beginn des Schuljahres werden alle Kinder schulpflichtig, die bis zum 30. September sechs Jahre alt werden oder bereits einmal von der Aufnahme in die Grundschule zurückgestellt wurden.
(2) Ferner wird auf Antrag der Erziehungsberechtigten ein Kind schulpflichtig, wenn zu erwarten ist, dass das Kind voraussichtlich mit Erfolg am Unterricht teilnehmen kann.
(3) Bei Kindern, die nach dem 31. Dezember sechs Jahre alt werden, ist zusätzliche Voraussetzung für die Aufnahme in die Grundschule, dass in einem schulpsychologischen Gutachten die Schulfähigkeit bestätigt wird." (Art. 37 (I) BayEug)

Ein Kind, das bis zum 30. September das sechste Lebensjahr vollendet hat, jedoch noch nicht als schulfähig eingeschätzt wird, kann für ein Jahr zurückgestellt werden.

Der Ablauf der Einschulung ist in der Grundschulordnung (GrSO § 2 Abs. 1–3) geregelt: Der Anmeldetermin soll im April des Jahres der Einschulung liegen. Die Erziehungsberechtigten finden sich mit ihrem Kind zum Anmeldetermin in der Sprengelschule ein und bringen den Nachweis der Schuleingangsuntersuchung mit. Für den Schulalltag relevante Ergebnisse der Untersuchung sollen der Schule durch die Erziehungsberechtigten mitgeteilt werden.

Die Schuleingangsuntersuchung

Die Schuleingangsuntersuchung ist eine Methode zur Beurteilung der Schulfähigkeit. Gem. Art. 80 BayEug ist die Schuleingangsuntersuchung für jedes Kind vor der Einschulung verpflichtend. Sie dient der Überprüfung des Gesundheitszustands des Kindes. Liegen Auffälligkeiten in der Entwicklung oder dem Gesundheitszustand des Kindes vor, werden die Eltern über diese informiert. Außerdem werden Möglichkeiten zur Bewältigung des gesundheitlichen Problems bzw. der Entwicklungsstörung eruiert. Die Schuleingangsuntersuchung wird von sozialmedizinischen Assistent(inn)en des Gesundheitsamts, die meist eine Ausbildung zur Kinderkrankenschwester haben, durchgeführt. Die Untersuchung findet je nach Ort und Einrichtung im Gesundheitsamt oder Kindergarten statt. Die Entscheidung über die Einschulung wird nicht abhängig vom Ergebnis der Schuleingangsuntersuchung, sondern erst nach der Schulanmeldung getroffen.[4]

Das Schuleingangsscreening (verpflichtender Teil der Schuleingangsuntersuchung)

Das Screening erfasst die gesundheitliche Vorgeschichte des Kindes. Dies geschieht durch einen Anamnesebogen, der von den Eltern ausgefüllt wird. Zudem wird das Heft mit den Ergebnissen der U-Untersuchungen, der Impfstatus, das Seh- sowie das Hörvermögen von einer Kinderkrankenschwester geprüft. Die sprachlichen und motorischen Fähigkeiten werden in Form von standardisierten Verfahren getestet.[5]

Das Angebot der schulärztlichen Untersuchung kann angenommen werden, wenn es Unsicherheiten und Fragen bezüglich der Einschulung gibt. Auch wenn medizinische Ursachen vorliegen, bei denen nicht klar ist, ob sie im Schulalltag eine Rolle spielen, ist eine ärztliche Untersuchung sinnvoll.

---

2 Alle befragten Familien leben in Bayern.

3 Der Exkurs wurde verfasst von den Studierenden Mia Güngerich, Daniel Lange, Tabea Lange und Luisa Pleßke.

4 URL: http://www.lgl.bayern.de/gesundheit/praevention/kindergesundheit/schuleingangsuntersuchung/ (letzter Aufruf: 14.03.2015).

5 URL: http://www.lgl.bayern.de/gesundheit/praevention/kindergesundheit/schuleingangsuntersuchung/ (letzter Aufruf: 14.03.2015).

Dies ist oft bei chronischen Erkrankungen der Fall. Hier stellt sich die Frage, ob es sinnvoll ist, das Kind in eine Förderschule anstatt in die Regelschule einzuschulen.[6]

Was ist Schulfähigkeit?

Der jahrzehntelang verwendete Begriff der „Schulreife“ wurde mittlerweile vom Ausdruck „Schulfähigkeit“ abgelöst. Das Konzept der Schulreife geht von der Grundannahme aus, dass im Kind innere Reifungsprozesse ablaufen, die bei allen Kindern in einem bestimmten Alter auf dem gleichen Stand sind. Umwelteinflüssen wird in diesem Prozess keine wesentliche Bedeutung beigemessen. Stattdessen ging man von der eigenständigen Entwicklung des Kindes zur Schulreife aus. Diese Einschätzung erwies sich als Irrtum. Fähigkeiten, die für die Schule wichtig sind, werden eher durch äußere Einflüsse als durch innere Faktoren erlernt (Griebel/Niesel 2011 in Bründel 2012: 33 f.).

Im Modell der Schulfähigkeit wurden zwei Ansätze weitergeführt: 1. die Überzeugung aus den 1970er-Jahren, dass die kognitive Förderung von Kindern sehr wichtig ist und 2. der Begriff der Schulbereitschaft aus den 1980er-Jahren, der motivationale und soziale Faktoren für das Lernen bei Kindern unterstreicht. Ein Aspekt von Schulfähigkeit besagt, dass Kinder durch Lernerfahrungen, die aus Anreizen des Elternhauses oder der Kindertagesstätte entstehen, schulfähig werden. Ein weiterer Gesichtspunkt beinhaltet, dass jedes Kind – selbst bei gleichem Förderangebot – auf unterschiedliche Art und Weise sowie zu unterschiedlichen Zeitpunkten lernt. Folglich sind Kinder nicht immer zum gleichen Zeitpunkt schulfähig (Bründel 2012: 34). Mit Schulfähigkeit ist also gemeint, dass ein Kind bestimmte Fähigkeiten und Fertigkeiten (Kompetenzen) aus dem emotionalen, sozialen, motorischen und kognitiven Bereich sowie Verhaltensmerkmale und Leistungseigenschaften hat, durch die es zu Beginn und während der gesamten Schulzeit fähig sein wird, „Lernimpulse wahrzunehmen, aufzugreifen und im Sinne der Lernauseinandersetzung zu nutzen, um persönlichkeitsbildende und inhaltliche Weiterentwicklung im emotionalen, motorischen, sozialen und kognitiven Bereich aufzunehmen und umzusetzen.“ (Krenz 2003: 63)

Schulfähigkeit beschreibt nicht nur eine Eigenschaft des Kindes, sondern ist abhängig vom Bildungsangebot des Kindergartens und der Grundschule. Sie wird von den Erwartungen, die an das Kind gestellt werden, der Gruppen- bzw. Klassenzusammensetzung und von dem/der Erzieher(in) oder von dem/der Lehrer(in) definiert. Schulfähigkeit kann nicht durch einen einfachen Test gemessen werden, sondern ist eine „vermutete ‚Passung‘ zwischen den Lernvoraussetzungen, die ein Kind mitbringt, und den Lernanforderungen der Schule“ (Bründel 2012: 34 f.).

Um den Kindern den Übergang vom Kindergarten in die Schule zu erleichtern, ist eine intensivere Kooperation zwischen diesen beiden Institutionen wünschenswert. Damit die Lehrer(innen) der 1. Klasse die Schüler(innen) von Anfang an gut einschätzen sowie individuell fördern können, sind Angaben vom Kindergarten hilfreich. Dies ist jedoch aus Datenschutzgründen nur mit Einwilligung der Eltern möglich.

Unabhängig davon sind Erzieher(innen) und Grundschullehrer(innen) dafür verantwortlich, dass Kinder durch entwicklungsfördernde Aufgaben, die sie meistern können, auf die Schule vorbereitet sowie auf ihrem Entwicklungsstand abgeholt werden. Dazu ist es notwendig, dass beide Seiten über eine gute Diagnosekompetenz verfügen (Dollinger 2013: 60).

---

6 URL: http://www.lgl.bayern.de/gesundheit/praevention/kindergesundheit/schuleingangsuntersuchung/ (letzter Aufruf: 14.03.2015).

3.2 Schwierigkeiten der Frühchen aus Sicht der befragten Eltern

Es fällt auf, dass alle befragten Eltern Schwierigkeiten angeben, die beim Übergang vom Kindergarten in die Grundschule aufgetreten sind.

Die Zwillinge Konstanze und Kornelia konnten beide bereits im Kindergarten fließend und sinnentnehmend lesen. Bei der Schuluntersuchung wurde allerdings festgestellt, dass beide Mädchen nicht optisch differenzieren, Arbeitsaufträge nicht umsetzen und sich nicht konzentrieren können. Diese Diagnose kam für die Eltern völlig überraschend. Es sollte insbesondere Kornelia zurückgestellt und nicht altersgemäß eingeschult werden. Die Mutter konnte diese Diagnose schwer nachvollziehen, da Kornelia Flöte spielte und Noten lesen konnte, was ihrer Meinung nach bedeutet, dass ihre Tochter optisch differenzieren kann. Die Eltern haben nachgeforscht und festgestellt, dass Kornelia schwierige Rahmenbedingungen während der Untersuchung hatte:[7]

> [...] Irgendwann kam raus, dass sie diese Untersuchung machen musste als Allererste. In einem ihr unbekannten Raum, also im Schlafkämmerchen, das abgedunkelt wurde von einem Overhead-Projektor, und es durfte keine Erzieherin mitgehen. Und die Kornelia ist einfach ein schüchterner, unsicherer Typ. Und das Nächste, was sich dann rausgestellt hat, war, dass sie, sie sollte irgendwie Gemeinsamkeiten aus Bildern rausfinden. Und das Kriterium wäre gewesen, das ist alles grün und sie hat nach irgendwas Kompliziertem gesucht, und das tut sie bis heute. Also wenn sie Fehler macht, dann macht sie Fehler, weil sie denkt, das kann nicht so einfach sein, und sie neigt dann eher dazu, zu überkompensieren und irgendwie Schwierigkeiten einzubauen, die gar nicht da sind.
> (Mutter K, Zeilen 34–42)

Die Eltern ließen sich durch das Untersuchungsergebnis nicht davon abhalten, beide Kinder zum geplanten Termin einschulen zu lassen, obwohl es für beide ein früher Zeitpunkt war. Sie sind bis heute zufrieden mit dieser Entscheidung, da die Mädchen sich in der Schule sehr gut entwickelt haben und sich ihre persönliche Einschätzung, dass sie schulreif sind, bestätigt hat. Die Zwillinge gehen in eine gemeinsame Klasse der Regelschule. Die Begründungen dazu sind vielfältig:

> [...] Also ich hatte den Kindergarten gebeten, sie explizit zu beobachten, ob die sich irgendwie stören oder sehr unterscheiden. [...] Das war so das eine Kriterium, und dann war für mich rein organisatorisch wichtig, eigentlich sie in einer Klasse zu haben wegen Elternabendterminen, unterschiedliche Stundenplanzeiten [...] Also das war der Wunsch, und dann haben wir auch die Kinder gefragt, und die Konstanze sagte dann lustigerweise auch, ihr ist es egal und die Kornelia sagte dann auch, „aber das geht nicht, du bist doch meine Schwester." Und daraufhin war klar: Sie sind in einer Klasse. Sie sitzen nicht nebeneinander, machen vieles zusammen, aber nicht alles. Und machen auch ihre Hausaufgaben getrennt, das ist jetzt nicht so das Thema, und helfen

7 Die Zeilenangaben beziehen sich auf die unveröffentlichten transkribierten Interviews, die von Prof. Dr. Michaela Gross-Letzelter 2015 durchgeführt wurden.

> sich unter Umständen gegenseitig, aber meistens haben sie dann sowieso, wenn, dann beide, ihr Buch vergessen.
> (Mutter K, Zeilen 48–58)

Es erleichtert die Betreuung der Kinder, wenn beide in eine Klasse gehen und beide den gleichen Stundenplan haben. Die Zwillinge haben einen älteren Bruder und die Eltern arbeiten beide, so wäre es schwieriger mit verschiedenen Klassen, alles zu organisieren. Die Eltern haben sich Gedanken gemacht, ob eine Trennung besser wäre, aber der Wunsch der Kinder und die Rückmeldung aus dem Kindergarten waren weitere Gründe, eine gemeinsame Klasse zu wählen. Aus der Sicht der Eltern war diese Entscheidung richtig.

Gina wurde mit fünf Jahren eingeschult. Ihr Geburtstag lag nach der Frist zur regulären Einschulung, trotzdem haben sich die Eltern für eine frühere Einschulung entschieden. Es waren auch organisatorische Rahmenbedingungen, die die Entscheidung beeinflusst haben.

> [...] Ich wollte sie erst in so einen Vorschulkindergarten geben, weil der hier bei uns um die Ecke aufgemacht hat – ein Jahr vorher. Und dann dacht ich, ja schön, dann muss sie nicht mehr in den Kindergarten, sondern ist schon ein bisschen gefordert. Ist nicht ganz so langweilig. Ist dann praktisch wie kleine Schule, aber trotzdem noch Kindergarten. Aber leider ist der dann nicht mehr zustande gekommen, wie sie soweit war.
> (Mutter G, Zeilen 278–282)

Aus der Erfahrung mit der großen Schwester heraus wollte die Mutter Gina nicht noch ein weiteres Jahr im reinen Kindergarten lassen. Sie hatte auch das Gefühl, dass die Kinder, die mit sieben Jahren eingeschult werden, oft Außenseiter in den Klassen bleiben. Gina ist zwar unter den Jüngsten in der Klasse, aber sie fühlt sich dort sehr wohl. Sie besucht die 3. Klasse, der Altersunterschied zwischen den Kindern ist sehr groß. Manche werden bereits zehn Jahre alt, während Gina erst acht Jahre alt ist.

Die Erzieherin im Kindergarten hat vom frühen Schuleintritt abgeraten. Als einziger Grund wurde angegeben, dass Gina für ihr Alter sehr klein sei. Für Ginas Mutter war dies kein Argument, da sie selbst ebenfalls nicht groß ist. Es hat ihrer Meinung nichts mit der Schulreife zu tun. Gina musste zum Probeunterricht, bei dem fast alle Lehrer(innen) die Einschulung befürworteten. Nur eine Lehrerin, die selbst Zwillinge als Frühchen hatte und diese später einschulte, hat sich aufgrund dieser Erfahrungen für einen späteren Schuleintritt ausgesprochen. Das zeigt, wie persönliche Erfahrungen die Empfehlungen beeinflussen.

Um sich ihrer Meinung sicher zu sein, gingen die Eltern mit Gina extra zu einer Untersuchung, als sie fünf Jahre alt war. Da die Ärzte auf Frühchen spezialisiert waren und keinerlei Bedenken wegen einer Einschulung äußerten, haben sich die Eltern dafür entschieden. In den ersten Monaten der 1. Klasse hatte die Mutter Sorge, ob die Entscheidung richtig war.

> […] Also es war in der 1. Klasse, da hab ich mir dann erst schon gedacht, vielleicht war's doch falsch, weil sie einfach bis zu den Herbstferien gebraucht hat, bis sie dann die Schnelligkeit hatte wie die andern, obwohl ihr des nix ausmacht. Also die Lehrerin hat auch gemeint, sie hätte zu ihr gesagt, naja Gina, willst du dich nicht mal beeilen, sonst musst du so viel zu Hause machen.
> (Mutter G, Zeilen 361–364)

Es ist bis heute so, dass Gina immer eine Weile braucht, bis sie sich vom Ferienrhythmus wieder auf den Schulalltag umstellen kann. Ihre Mutter sieht dies aber nicht als Folge der Frühgeburt.

> […] Bei ihr ist es so, aber das glaub ich, manche Sachen kann man auch nicht immer auf das schieben, dass sie jetzt vielleicht jünger ist oder weil sie ein Frühchen ist, würde ich jetzt nicht sagen, sondern das ist vielleicht einfach so ihr Naturell. Also sie braucht am Anfang immer ein bisschen, bis sie in diese Klasse kommt.
> (Mutter G, Zeilen 355–359)

Insgesamt ist die Mutter immer noch sehr zufrieden mit ihrer Entscheidung.

Jakob dagegen wurde bewusst mit sieben Jahren eingeschult. Er war vom Gewicht her schon immer sehr leicht und er ist für sein Alter klein, sodass eine spätere Einschulung schon aus diesen Gründen für die Eltern sinnvoll erschien. Es wurde auch vom Kindergarten empfohlen.

> […] Das haben uns auch die vom Kindergarten empfohlen, weil er halt so leicht ist und Schulranzen tragen muss […] Es haben uns alle empfohlen, und wir haben das von vornherein auch so gesehen.
> (Mutter J, Zeilen 223–225)

So durchlief Jakob zweimal die Schuluntersuchung, einmal im Alter von sechs Jahren und ein zweites Mal im Jahr darauf. Bei beiden Gesundheitsuntersuchungen wurde bei einem Ohr eine Hörschwäche im Bereich der tiefen Frequenzen festgestellt. Diese wurde in einer Operation behoben. Auch mit den Augen hat Jakob Probleme, vor allem auf einem Auge ist die Sehkraft beeinträchtigt. Es könnte sein, dass dies mit der Frühgeburt zu tun hat, es ist aber nicht ganz geklärt. Jakob hat auch grobmotorische Einschränkungen. Er hat beispielsweise Probleme, Rad zu fahren. Die Eltern erklären sich dies damit, dass Jakob erst sehr spät, mit 25 Monaten, zu laufen begonnen hat. Jakob hat viele Therapien für die Grobmotorik bekommen. Die Eltern sehen dies eher skeptisch.

> […] Warum so viele Therapien und auch Gymnastik? Ein Jahr später ist er sowieso so weit, auch wenn man nicht so viel macht.
> (Mutter J, Zeilen 235–236)

Insgesamt sind die Eltern aber sehr zufrieden mit der Entscheidung, Jakob erst mit sieben Jahren in die Schule gegeben zu haben, da dies unabhängig von allen anderen Meinungen vor allem auch ihre eigene Einstellung zum Schuleintritt war.

Jakob geht es sehr gut in der Schule, er hat neue Freunde gefunden und bringt gute Leistungen nach Hause.

Bei den Zwillingen Elias und Eric bestanden Zweifel, ob sie mit sechs Jahren eingeschult werden sollen. Die Erzieherin im Kindergarten und die Eltern hielten sie für schulreif, allerdings gab es Probleme beim Schultest.

> [...] Sie waren nur sehr verschlossen bei der Schuleinschreibung als es dieses Schulspiel gab. Eine Stunde waren sie beide in unterschiedlichen Gruppen und haben beide komplett verweigert. Sodass die Lehrerin danach zu uns gesagt hat, sie könne nicht sagen, ob sie die Farben kennen, ob sie bis fünf zählen können [...] die haben einfach beide gar nichts gesagt.
> (Mutter E, Zeilen 146–150)

Einige Tage später mussten sie zur Gesundheitsuntersuchung, und auch dort haben die Eltern für sie überraschende Ergebnisse erhalten.

> [...] Wir sind dann ein paar Tage später nochmal hin. Zwischenzeitlich war noch die Frau vom Gesundheitsamt im Kindergarten. Dort haben sie wohl auch verweigert. Wir haben diesen gelben Zettel gekriegt mit Rückstellung Fragezeichen, Logopädie [...] und so weiter [...] des war so die volle Palette.
> (Mutter E, Zeilen 156–159)

Die Zwillinge hatten zur Kindergartenzeit Ergotherapie und Elias hatte auch Logopädie, da er gelispelt hat. Sonst gab es keine Auffälligkeiten, darum haben die Ergebnisse der Schuluntersuchung die Eltern so irritiert. Die Mutter erklärt es sich so, dass die Situation der Untersuchung die Kinder beeinflusst hat. Während einer weiteren Untersuchung im Kindergarten konnten die Zwillinge zur Mitarbeit bewegt werden. In dieser Situation hatten die Kinder keine Probleme mehr mit den gestellten Aufgaben und konnten eingeschult werden. Beide sind sehr sensibel und reagieren auf ungewohnte Situationen empfindlich.

> [...] Am Anfang haben sie sich schwer getan. Die Situation am Einschulungstag, da sitzen die drei Klassen [...] und hunderte von Eltern schauen auf die Kinder, und sie wissen nicht, was jetzt kommt. Da saßen sie beide da und haben geweint. Also die Fotos vom ersten Schultag sind jetzt eher nicht so [...] (lacht) nicht so freudestrahlend [...] aber das hat sich relativ bald gelegt. [...] Da hatte im ersten Schuljahr der Eric so ein bisschen des Öftern zum Weinen angefangen.
> (Mutter E, Zeilen 235–241)

Sie haben sich in die Schule eingewöhnt, wobei Elias und Eric unterschiedliche Phasen durchlaufen. Gerade Eric sieht den Sinn von Hausaufgaben oft nicht ein, was zu Konflikten mit der Mutter führt.

> [...] Ja, des war [...] mit einem Matheblatt, hatten wir es mal, da sollte er rechnen. Es war dann teilweise immer so, er hat immer eine halbe Stunde, Stunde gebraucht, bis er wirklich mal angefangen hat, es zu [...] machen [...] und davor hat er nur gejammert, wie blöd des ist und er muss jetzt aufs Klo und er braucht jetzt Wasser (lacht) und dann hab ich mal zu ihm gesagt, das Wetter ist so schön. Ich würd gern rausgehen, mit euch was machen. Jetzt füll diesen verdammten Zettel

> aus. Und dann hat er mir diesen Zettel in die Hand gedrückt. War alles ausgefüllt. Dann schau ich mir das an, dann hat er einfach irgendwelche Zahlen eingetragen. „Ja, du hast doch gesagt, füll's aus." Und das war sehr anstrengend, wo es einfach ums Provozieren und um Macht ging.
> (Mutter E, Zeilen 296–307)

Anfangs gab es Probleme, da Elias keine Wortzwischenräume gemacht und unleserlich geschrieben hat. Bei Elias häufen sich die Rechtschreibfehler, sodass der Verdacht besteht, er könnte Legasthenie haben. Die Eltern sehen aber momentan noch keinen Grund, dies testen zu lassen.

Die Zwillinge Elias und Eric gingen in einen Regelkindergarten in eine gemeinsame Gruppe. Da sie nicht nur im Kindergarten stets zusammen waren, sondern in allen Lebensbereichen, versuchten die Eltern, ihnen Möglichkeiten zu geben, sich eigenständig zu entwickeln. Jeder wurde an einem Tag pro Woche schon mittags abgeholt und konnte den Nachmittag alleine mit Mutter oder Vater verbringen, bis der Zwillingsbruder vom Kindergarten kam. Auch der Klavierunterricht, den beide erhielten, wurde von verschiedenen Lehrer(inne)n durchgeführt, damit keine Konkurrenzsituation entstehen konnte. In der Grundschule trennten die Eltern die Zwillinge und gaben sie in unterschiedliche Klassen an der gleichen Schule. So hatten sie die Möglichkeit, eigene Freunde in der jeweiligen Klasse zu finden. Interessanterweise hatten sie trotzdem meist einen gemeinsamen Freund (oder eine Freundin) und spielten viel zu dritt. Mit dieser Lösung sind die Eltern sehr zufrieden.

Felicitas wurde mit sieben Jahren eingeschult. Sie besuchte drei Jahre lang den Förderkindergarten und anschließend eine schulvorbereitende Einrichtung (SVE). Die Entscheidung dazu fiel der Mutter sehr schwer,

> [...] weil der Kindergarten gesagt, also ich mein, es wär so und so grenzwertig gewesen und von der Rückstellung her. [...] Und dann war eben die Frage, ob Kindergarten oder Vorschule. [...] Am Anfang hätten wir das [...] also hätten wir uns gedacht, na ja Kindergarten ist vielleicht besser [...] Aber dann haben wir einfach gesehen, sie ist zu alt für'n Kindergarten, zu groß für den Kindergarten und zu klein für die Schule. Und dann haben wir uns doch entschlossen, sie in die SVE zu schicken. Also das war jetzt keine leichte Entscheidung (lacht) [...] Das ist einerseits immer die Angst vor einer gewissen Stigmatisierung.
> (Mutter F, Zeilen 24–39)

Sie ist sehr froh, dass Felicitas nach diesem Jahr in die Regelschule wechseln konnte. Sie geht in eine Kooperationsklasse.

> Kooperationsklassen besuchen Schüler ohne sonderpädagogischen Förderbedarf und Schüler mit sonderpädagogischem Förderbedarf, wenn dieser nicht so umfangreich ist, dass er ausschließlich an einer Förderschule erfüllt werden müsste. Kooperationsklassen werden auch für jene Schüler gebildet, die als Gruppe in eine Klasse der allgemeinen Schule zurückgeführt worden sind und bei denen jedoch noch ein individueller Förderbedarf besteht. Es wird nach dem Lehrplan der Grundschule [...] unterrichtet. Die notwendige Förderung findet für die jeweilige Gruppe an den allgemeinen Schulen statt und wird durch die Mobilen Sonderpädagogischen Dienste in degressiver Form erteilt.
> (Schor/Weigl/Wittmann o. J.: 3)

Felicitas wurde als Koop-Kind eingeschult, mit zwei Stunden Förderung zusätzlich. Sie hat somit einen Status als Integrationskind. Die Koop-Förderung geht aber nur über die 1. und 2. Klasse.[8]

Felicitas geht nun in die 3. Klasse. Die Mutter bezeichnet die ersten Jahre als Kampf, da Felicitas große Probleme mit der Feinmotorik hat. Sie hatte Ergotherapie, seit sie eineinhalb Jahre alt ist. Seit sie zur Schule geht, möchte sie dies nicht mehr. Die Mutter erklärt sich die Verweigerung damit, dass ihre Tochter weiß, wie anstrengend die Therapie ist. Die Probleme mit der Feinmotorik schränken sie aber in der Schule sehr ein. Sie kann das Schreibtempo nicht halten und macht viele Rechtschreibfehler. Auf Legasthenie wurde sie getestet, der Verdacht hat sich nicht bestätigt. Die Mutter denkt, dass es hier wie sooft ist: Felicitas hat Probleme, aber diese reichen nicht aus, um eine Erleichterung in der Schule zu bekommen. Ein Problem ist auch das lautsprachliche Schreiben, das in der Schule vermittelt wird. Da Felicitas Längen nicht hören kann, fügt sie kein „h" oder „ie" ein. Die Mutter unterstützt Felicitas sehr, da diese nicht selbstständig arbeitet, sondern viel Motivation braucht.

Ebenso wie Jakob hatte Felicitas stets Probleme mit der Nahrungsaufnahme und der Gewichtszunahme. Ihr fehlt das Hungergefühl. Die Mutter hatte Sorge, ob sie ihren Schulranzen würde tragen können. Durch die Einschulung mit sieben Jahren fällt sie nicht als besonders klein auf, obwohl manche ein Jahr jüngere Kinder größer sind als sie. Neben den feinmotorischen Problemen hat Felicitas auch Probleme mit der Grobmotorik. Sie kann Rad fahren, aber das Schwimmen fällt ihr schwer, da sie Gleichgewichtsprobleme hat. Insgesamt ist Felicitas sehr ängstlich.

> [...] Auf jeden Fall. Dieses mangelnde, also dieses mangelnde Gleichgewicht. Sie hat immer [...] sie weiß immer im Gegensatz zu anderen Kindern, dass sie sterblich ist. [...] Sie ist sehr vorsichtig, immer noch. [...] Also, gerade was, was viele Sachen anbelangt. Das würde sie, es gibt Sachen, die andere Kinder einfach machen. [...] Das macht sie nicht, weil sie weiß, das ist gefährlich. [...] Also nicht, weil ich ihr das sage, sondern, weil sie das [...] sozusagen als gefährlich einstuft [...] Also an manche Dinge versuchen wir sie heranzuführen und manche Dinge ist okay [...] man gibt ihr dann vielleicht den Rückhalt, dass man sagt: „Okay, wenn du das nicht machen willst, mach es nicht. Das bist du." Wie kannst du argumentieren, sozusagen, wenn jetzt irgendeiner sagt, „du bist ein Feigling" oder was weiß ich, die Kinder sind da manchmal recht brutal. [...] Generell ist sie sehr vorsichtig. Sie traut sich noch immer kein Streichholz anzünden zum Beispiel, auch wenn sie darf.
> (Mutter F, Zeilen 449–473)

Damit Felicitas Unterstützung in der Schule erhält, ist sie als Integrationskind eingeschult worden und erhält zwei Förderstunden pro Woche. Zudem hat sie einen Schulbegleiter und verlängerte Prüfungszeiten. Seit Felicitas den Schulbegleiter hat, sind ihre Leistungen deutlich besser geworden. Dieser Rückhalt ist für sie sehr wichtig. Frau F betont, dass es stark von der Lehrerin abhängt, wie Felicitas in der Schule

8 Zusätzliche Informationen von Mutter F.

gefördert wird. Nach schlechten Erfahrungen hat sie nun eine Lehrerin, die sie sehr fördert und Frau F miteinbezieht. Felicitas geht gern in die Schule, aber neben den vielen anderen Problemen belastet Frau F dieses:

> [...] Sie möchte halt immer so sein wie alle anderen Kinder auch, und das ist sie halt nicht.
> (Mutter F, Zeilen 171–172)

Insgesamt lässt sich festhalten, dass keines der Kinder ohne Vorbehalte von professionellen Fachkräften eingeschult wurde. Entweder wurde die Einschulung um ein Jahr verschoben oder die Eltern setzten ihre Entscheidung durch. Das lenkt den Blick auf die Eltern. Wie geht es ihnen in dieser Lebensphase?

3.3 Probleme der Eltern mit Frühchen im Grundschulalter

Alle Kinder der befragten Eltern sind in der gleichen Lebensphase und doch hat jede der Familien andere Belastungen zu tragen. Im Folgenden nehmen wir gezielt die Perspektive der Eltern ein und betrachten deren Leben.

Leben, um seinem Kind Chancen zu ermöglichen, die es ohne Unterstützung nicht hätte

Frau F hat ihre Arbeit aufgegeben, um sich ganz auf Felicitas konzentrieren zu können. Inzwischen gibt es ihren Arbeitsplatz nicht mehr. Es wäre für sie auch schwierig, als Akademikerin in ihrem Bereich eine neue Stelle zu finden, da sie Vollzeit nicht zur Verfügung steht. Die ersten Jahre waren besonders schwierig, da Felicitas nach dem Klinikaufenthalt in Quarantäne leben musste, um Infektionen zu vermeiden. Doch auch jetzt erfordert sie die ganze Aufmerksamkeit und den vollen Einsatz ihrer Mutter.

> [...] Ich konzentrier mich noch ganz auf sie, weil es eben heißt, wenn die nach Hause kommt, zieht sie die ganze Kraft. (lacht)
> (Mutter F, Zeilen 397–398)

Ohne Unterstützung der Mutter käme Felicitas in der Schule nicht mit. Sie lernen jeden Tag zusammen, da das Mädchen nicht eigenständig ihre Hausaufgaben macht. In der Schule hat sie die Schulbegleitung, die ihre Motivation hochhält, zu Hause benötigt sie dazu ihre Mutter. Frau F ist sehr engagiert und im regen Kontakt mit der Schule und möchte das Beste für ihr Kind. Ihr war es überaus wichtig, dass Felicitas in die Regelschule geht, damit ihr alle Chancen offenstehen. Sie sieht viel Potenzial bei ihrer Tochter, hat aber auch Sorgen, wie es nach der Grundschule weitergehen soll.

> [...] Also es geht schulisch jetzt bergauf. Sie hat einen Gymnasialschnitt. Ich weiß aber nicht, ob das die richtige Schulform für sie ist [...] Mit dem Stress. Mit dem, wie das gehandhabt ist, ja. Ja, das wissen wir selber noch nicht. Also wir warten jetzt auch, was das nächste Jahr bringt [...] Wir sind gespannt, was noch kommt, sozusagen. Weil wir gesehen haben, wie sich das alles entwickelt hat und es ist noch eine Menge drinnen. Also vielleicht geht sie aufs Gymnasium, das will ich jetzt nicht ausschließen. Aber im Moment sehe ich es nicht als ideale Schulform. Dann wird's schwierig, weil Realschule halt in X, 30 bis 35 Kinder pro Klasse plus Wanderklasse. Das heißt, jede Stunde Klassenzimmerwechsel. Plus keine Spinde oder Garderoben. [...] Plus auch im Winter alles mitschleppen. Jacke, Schuhe und ich weiß nicht, und [...] zehn Kilo Bücher. Und das ist eine Überforderung [...] Das würde sie killen.
> (Mutter F, Zeilen 304–325)

Seit der Geburt von Felicitas muss Frau F immer kämpfen, um für ihre Tochter Hilfe und Unterstützung zu bekommen. Sie kann nicht erkennen, dass ein Ende in Sicht ist.

> [...] Nein, es ist nicht rum. Also, wir sind immer noch hart am Arbeiten und es ist viel, also [...] wie soll man sagen, wir spüren fast jeden Tag, dass wir nicht ins System passen. [...] Auf irgendeine Art kriegen wir das immer schön reingedrückt. (lacht)
> (Mutter F, Zeilen 828–830)

Sie wünscht sich speziell in der Schule, dass die Lehrer(innen) mehr Zeit für sie haben, damit sie in Gesprächen über die Entwicklung von Felicitas informiert wird. Das ist für sie besonders wichtig, damit sie am Nachmittag gezielt ihre Tochter unterstützen kann. Die Lehrer(innen) müssten diese Stunden angerechnet bekommen, die sie in ihr Kind investieren. Frau F sieht, dass es immer zusätzliche freiwillige Leistungen sind.

In ihrem Umfeld merkt sie, dass ihre Situation von anderen Menschen selten verstanden wird. Sie hat das Gefühl, dass die Schwierigkeiten von Felicitas schwer zu vermitteln sind. Sie wollte in Kontakt kommen mit einer Gesprächsgruppe von Frühchen-Eltern, in die sie aber – da es ein geschlossener Kreis war – nicht aufgenommen wurde. Frau F denkt, dass sie dort vielleicht Verständnis und Hilfe erfahren hätte. Sie fühlt sich sehr isoliert mit ihrem Problem.

> [...] Es ist sehr schwer, weil das, einfach das Verständnis nicht da ist. Das Grundverständnis, wenn man mit jemanden über, was weiß ich, ihre altersschwachen Eltern redet, dann kennen das die Leute. Dann ist das was, was alle wissen, auch wenn sie das vielleicht nicht erleben. Dann haben sie davon gehört, dass es das und das und das gibt und [...] das, was, uns betrifft, da hat niemand was davon gehört. [...] Es ist kein bekanntes Thema. Es geht immer weiter, ja. [...] Ich denk, die [Tochter, M. G.-L.] wird das [ein eigenständiges Leben, M. G.-L.] schaffen, aber wir werden ihr helfen müssen, die Nischen zu finden, wo sie reinpasst.
> (Mutter F, Zeilen 882–904)

Es belastet die Mutter sehr, dass Felicitas nicht eindeutig einer Gruppe zuzuordnen ist, sondern dass ihre individuellen Schwierigkeiten stets individuelle Lösungen erfordern. Es kostet sie viel Kraft und Energie. Ihr Mann ist Alleinverdiener, unterstützt aber seine Frau auf seine Weise. Sie ist froh, dass die Sorgen um das Kind die Partnerschaft gestärkt haben und er sich seiner Tochter sehr verbunden fühlt.

Frau F sieht ihren Einsatz für ihr Kind als absolut notwendig an, denn sonst hätte es in dem bestehenden System aus einerseits Schule und andererseits Förderung keine Chance.

> [...] Also, was ich jetzt, was ich jetzt gelernt habe, ist, dass das, was ich leiste, ist unbezahlbar. Das macht niemand. Ich finde niemanden, der das macht. Also, so macht, wie ich das mach. Also mit der Genauigkeit und Penetranz. (lacht) Also, einfach, das, das macht keiner und das tut sich keiner an. Die sortieren das lieber aus, das Kind. Man kann sie [Felicitas, M. G.-L.] nicht in die Schulbetreuung schicken, weil sie dort das nicht machen würden. Es, es besteht keine, keine [...] wie heißt das? [...] keine Kapazität, um so ein Kind irgendwo mitzuschleppen. Das kostet zu viel, ja. Die bräuchte, heilpädagogische Tagesstätte fällt auch aus, weil dort Kinder sind, die einen anderen Bedarf haben [...] ja. [...] Sie fällt komplett durch das Raster durch. Und dann kann man sich aussuchen: Ist das mein Kind? Stell ich mich dahinter? Ja oder Nein. Was ist mir wichtiger?
> (Mutter F, Zeilen 1216–1229)

Frau F hat sich für den Einsatz für ihr Kind entschieden und stellt alle eigenen Bedürfnisse zurück.

Familienleben mit einer chronischen Krankheit

Für Frau G ist es nicht ihr Frühchen Gina, das wegen gesundheitlicher Probleme im Mittelpunkt der Familie steht, sondern die größere Schwester Gemma. Als Gemma acht Jahre alt war, wurde bei ihr Diabetes Typ 1 festgestellt. Für Gina, damals erst drei Jahre alt, war es eine große Umstellung, dass nun die Aufmerksamkeit verstärkt bei ihrer Schwester lag.

> [...] Die Gina war [...] am Anfang war das schon schwierig für sie, weil sie das doch gewöhnt war, dass wir sehr viel mit ihr gemacht haben, und sie hat dann auch kurzfristig zu stottern angefangen. (lacht) So dieser Ausdruck von, ja, ich bin nicht mehr die erste Person hier so ungefähr, hat sich aber dann schnell wieder gelegt. Wir haben dann geschaut, dass wir das wieder ausgleichen. Muss man dann ja irgendwie wieder, weil man weiß ja, das hat immer damit zu tun, und dann muss man ja beiden gerecht werden [...]. War doch am Anfang, also das hätte ich nicht gedacht, dass die Kinder dann so reagieren gleich, also dass sie da wirklich da dann da plötzlich stottert, war nach zwei Wochen dann wieder weg, aber war doch interessant, ja. Aber seitdem also es ist jetzt nicht so, dass da groß irgendwelche Probleme wären durch die Krankheit, dass da die Gina irgendwie da, ja, sie nimmt das als selbstverständlich, ich mein, die ist jetzt damit aufgewachsen. Für die ist das ganz normal, dass die Gemma, dass wir das Essen wiegen und (lacht) solche Sachen, das ist jetzt im Alltag, fällt uns eigentlich gar nicht mehr auf.
> (Mutter G, Zeilen 57–70)

Die gesamte Familie wurde bei der Krankheitsdiagnose und danach sehr gut von einem professionellen Team aus Ärzt(inn)en und anderem Fachpersonal betreut.

Gemma konnte sich so an ihre chronische Erkrankung mit den Einschränkungen, die diese mit sich bringt, gewöhnen. Gemma hat Schulungswochenenden erhalten und kann mit 14 Jahren und nach fast sechs Jahren, die sie inzwischen mit der Krankheit lebt, alles selbst regeln. Frau G ist Akademikerin im naturwissenschaftlichen Bereich, was in diesem Krankheitsfall für sie hilfreich ist. Sie hat nicht so große Unsicherheiten und Ängste wie andere Mütter, die sie kennt und die in der gleichen Situation sind. Sie traut Gemma die Verantwortung zu, hat aber selbst einen Blick darauf. Da man nicht weiß, was der Grund für Gemmas Erkrankung ist, macht sich Frau G Sorgen, ob auch Gina an Diabetes erkranken könnte. Sie ist gerade im gleichen Alter wie Gemma war, als deren Erkrankung zum Ausbruch kam.

> [...] Natürlich wünsch ich mir, dass die Gina kein Diabetes kriegt. Das ist schon immer so ein Punkt, wo ich bei ihr dann manchmal bisschen panisch reagiere, also grad am Anfang wie sie dann, wie ich gedacht habe, sie kriegt auch ein Herpesbläschen zum Beispiel[...] oder sie trinkt plötzlich viel, dann denkt man sich, warum trinkt die jetzt so viel. [...] Oder wenn sie Bauchweh hat. Also das, gerade jetzt auch in der 3. Klasse. [...] wenn ich sie abholen muss von der Schule, weil sie Bauchweh hat [...] Denkt man oje [...] also ich war mit ihr dann öfter beim Arzt, glaub ich, wie mit der Gemma. Das sind schon so Sachen, also das ist schon, also des wünsche ich mir, das se des nicht kriegt.
> (Mutter G, Zeilen 938–961)

Die gesamte Familie hat sich mit der Krankheit arrangiert, die Teil des Alltags geworden ist. Frau G arbeitet inzwischen fünf Tage pro Woche, und die Vereinbarkeit eines verantwortungsvollen Berufs und Familie klappt gut.

Langzeitwirkungen eines Traumas

In zwei Familien leiden die Mütter unter einem Trauma. In beiden Fällen kommen zur Frühgeburt weitere Belastungen hinzu.

Frau K hat drei Kinder, die Frühchen-Zwillinge Konstanze und Kornelia und einen älteren Sohn. Bereits der Sohn hatte gesundheitliche Einschränkungen nach der Geburt, und der Verlauf der Zwillingsschwangerschaft war dramatisch. Die Zwillinge sind gesund und der Sohn kann ohne Einschränkungen leben. Alle drei Kinder haben sich sehr gut entwickelt. In der Schule zeigen sie überdurchschnittliche Leistungen, sind musikalisch und auch im sprachlichen Ausdruck sehr begabt. Das Gefühl, dass alles gut gegangen ist, überwiegt bei Frau K nicht, sondern sie hat immer wieder große Ängste um ihre Kinder. Die Sorge, dass ihnen etwas zustoßen könnte oder Krankheiten oder schulische Entwicklungsauffälligkeiten wie Legasthenie auftreten könnten, ist immer präsent.

> [...] Das könnte sein oder eben Dyskalkulie oder eben bei der Konstanze, die hat am Anfang jetzt bei den Zahlen, die hat immer die Zahlen gedreht und dann hab ich mir schon gedacht „oh Gott". Ich hab des tatsächlich immer im Hinterkopf. Kommt da noch was? Kommt noch was ... aber das

> ist es eigentlich nicht. Das ist mehr meine Panik [...] dass noch was, also das lässt mich nicht los. Das sitzt [...] Bei mir ist immer, bei mir ist immer diese Angst im Hintergrund.
> (Mutter K, Zeilen 753–760)

Den Vater plagen diese Ängste nicht und er sieht nicht hinter jedem Fehler eine diagnostizierte Schwäche der Kinder.

> [...] Das ist eben der Unterschied zwischen uns. Also ich sehe das einfach so, ich schau einfach drauf und denk mir, ja Mensch, das sind Fehler, was wir damals auch gemacht haben. Oder eben dieser: Da hatte ja die Konstanze irgendeine Matheprobe geschrieben und hat eben, ich sag jetzt mal, drei von fünf Aufgaben falsch gehabt, aber nur, weil sie einen eben sehr konsequenten Fehler gemacht hat. [...] Da hat sie einfach ganz konsequent irgendwelche Ziffern umgedreht und von der Konsequenz her war's total richtig, was sie gemacht hat und denk ich, ja mei, das passiert einfach, und es ist es zeugt für mich eigentlich, dass sie sich Gedanken macht [...]
> (Vater K, Zeilen 761–770)

Von Anfang an war der Vater in der Kinderbetreuung sehr engagiert und die Partnerschaft ist gegenseitig sehr unterstützend. Aufgrund der unterschiedlichen Betrachtung erledigt nun der Vater die Arztbesuche, um seiner Frau die Ängste zu ersparen. Allerdings haben sich die Sorgen seiner Frau schon mehrfach bestätigt. Während der Vater oft meint, dass man wegen Husten und Schnupfen nicht zum Arzt gehen muss, war dies schon mal eine beginnende Lungenentzündung. Solche Ereignisse bestätigen die Ängste der Mutter. Diese Ängste könnten von der schweren Anfangszeit herrühren. Frau K ist davon überzeugt, dass sie ein Trauma hat, auch durch die Erkrankung des Sohnes, und denkt daran, dies therapeutisch aufzuarbeiten, aber da sie berufstätig ist, fehlt ihr dazu die Zeit.

> [...] Also ich weiß eben inzwischen, es ist diagnostiziert, es ist ein Trauma, wobei es damals auch geheißen hat, so wie es ist, ist es eigentlich gut im Griff, also ich kann damit umgehen, weiß jetzt auch immer besser, was ich mach. Es ist jetzt nicht, dass ich komplett nicht mehr funktioniere. Ich mach mir halt einfach wahnsinnige Sorgen dann und bin sehr also unsicher und bin vor allem leichter reizbar dann [...] oder schreckhaft.
> (Mutter K, Zeilen 860–865)

Ebenso wie Frau F sieht Frau K, dass andere Menschen, die solche schwierigen Situationen wie eine Frühgeburt nicht kennen, ihre Lage nicht nachvollziehen können. Frau K sieht auch Unterschiede, wie Männer und Frauen solche Ereignisse verarbeiten. Das Ehepaar geht sehr offen mit den unterschiedlichen Sichtweisen und auch den Belastungen um. Sie stärken sich gegenseitig und ziehen auch Stärke aus ihrer Religiosität. Ihr Glaube hat den Eltern während der kritischen Zeiten sehr geholfen. Der Vater ist engagierter Christ und zieht viel Unterstützung aus seiner Gemeinde.

> [...] Also ich muss sagen, alle Leute, die nicht irgendwo so einen Glauben als Hintergrund haben, sei es was es jetzt will, das kann ja vieles sein [...] die muss ich wirklich total bedauern,

> weil das ist wirklich so eine Sache, und ich bin ja hier auch sehr engagiert in der evangelischen Gemeinde und hab da einen großen Freundeskreis und allein da die Unterstützung, die man kriegt [...] Und wenn da nur einer mal sagt und so, jetzt abends bete ich für euch [...] was auch immer das ist, das war also, ich bin felsenfest davon überzeugt auch bis heute noch, dass das auch mit ein Grund war, warum es gut gegangen ist.
> (Vater K, Zeilen 1286–1295)

Das Ehepaar K hat noch weitere Ressourcen, z. B. ein unterstützendes familiäres Umfeld. Es bleibt aber das Trauma, das die Mutter K sehr belastet und mit dem sie leben muss.

Auch bei der zweiten Familie kommen neben der Frühgeburt weitere Schicksalsschläge hinzu. Frau E hat vor der Zwillingsschwangerschaft eine Fehlgeburt erlitten. Der Verlust ihres ersten Sohnes und schwerwiegende Ereignisse, die ihre Gesundheit betreffen, belasten Frau E bis heute. Sie hat immer wieder Phasen, in denen sie sich aus dem Alltag ausklinken muss. Sie hatte von Anfang an ein stabiles Netzwerk, das sie in diesen Zeiten auffängt. Zum einen stützt sie ihr privates Umfeld, insbesondere ihr Mann, der seit der Geburt der Frühchen in der Betreuung der Zwillinge sehr engagiert ist. Zudem haben sie Au-pair-Mädchen, die für die Kinder zuständig sind. Zusätzlich organisierte Frau E auch professionelle Unterstützung für sich selbst. Eine Therapeutin begleitet sie kontinuierlich.

Es wird deutlich, dass der verstorbene Sohn bei beiden Elternteilen noch sehr präsent ist. Die Tatsache, dass die Zwillinge Frühchen sind, wird vom Vater in der Relation zum Tod des ersten Kindes so gesehen:

> [...] Für mich war es halt einfach so wie's ist. [...] Im Vergleich zu E. [dem ersten verstorbenen Sohn, M. G.-L.] ist das natürlich ein völlig anderes Ding gewesen.
> (Vater E, Zeilen 927–929)

Die Tatsache, dass sich die Zwillinge als Frühchen so gut entwickelt haben, wird immer auch überschattet davon, dass sie zuvor ein Kind verloren haben. Für Frau E hat dies auch Auswirkungen auf ihren Beruf. Sie hatte vor der Familienphase als Akademikerin eine leitende Position. Das Verhältnis zu ihrem Chef hat sich danach aber verändert.

> [...] Das war auch in der Arbeit so. Ich habe gemerkt, ich kann keinen Tritt mehr fassen. Ich habe besonders mit dem Bereichsleiter Schwierigkeiten gehabt, habe das Gefühl gehabt [...] er hat mich jetzt mit den Kindern ganz anders gesehen als vorher. Und dadurch, dass ich damals ausgefallen bin, auch vor den Zwillingen, als mein erster Sohn gestorben ist, das war, seitdem hab ich immer das Gefühl gehabt, er will mich beschützen unter eine Glocke, aber ich darf nicht mehr das leisten, was ich könnte [...] Ja, da [zur Leitungsposition, M. G.-L.] bin ich auch überhaupt nicht mehr hingekommen. Ja, er hat mir dann auch gesagt, ich könnte keine Entscheidungen fällen usw. Ich hab dann eine Entscheidung gefällt, dass ich mich aus der Arbeit ein bisschen zurückzieh, mein eigenes Ding mach zu Hause. Eben nebenbei noch studiere und mich jetzt so im Kindergarten und in der Schule engagiere und das einfach verlagere und die Arbeit sehe als das, wo ich mein Geld herkriege. Und das hat sich jetzt auch in der Arbeit wieder gebessert. Ich

> habe jetzt wieder eine Projektleitung, ist jetzt zwar recht stressig, aber es macht mir recht Spaß, weil dort wieder mehr diese Führungsrolle [...]
> (Mutter E, Zeilen 59–73)

Frau E arbeitet drei Tage pro Woche und hat ein Fernstudium begonnen. Diese Rückzugsmöglichkeit, nicht die ganze Woche an ihrer Arbeitsstelle zu sein und andere Interessen verfolgen zu können, ist ihr sehr wichtig. Die Arbeitszeitreduzierung hilft ihr auch, sich von den Belastungen der Arbeit abzugrenzen. Sie hatte überlegt, den Arbeitsplatz zu wechseln, aber es hätte viel Kraft gekostet, eine andere Teilzeitstelle zu finden. Zudem hatte sie immer guten Kontakt zu den Kolleg(inn)en, und die Arbeit empfand sie stets als interessant und spannend. Es waren ausschließlich die leitenden Mitarbeiter, die ihr die Arbeit erschwert haben.

Frau E hat ihre Arbeitszeit nochmals um einen Tag reduziert. Eine schwere Krise im Jahr zuvor hat diese Entscheidung beeinflusst.

> [...] Und dazu hab ich einen Tag reduziert, mir ging es auch psychisch nicht gut, ich habe dann, glaube [vor einigen Jahren, M. G.-L.], auch eine Therapie angefangen. [...] Da war dann eine Pause und dann ging es mir sehr schlecht, dann hab ich eine Therapie angefangen und die war dann ein paar Jahre [...] dann ging es mir gut, und dann kam letztes Jahr im Frühjahr nochmal eine Krise. Und seitdem nehme ich [ein] Medikament und hab eine Therapeutin und bin jetzt so wieder sehr [...] also fühl mich sehr wohl. Ist aber auch ein Grund, weshalb ich nicht Vollzeit arbeite [...]
> (Mutter E, Zeilen 41–49)

Der hohe Reflexionsgrad von Frau E ermöglicht es ihr, sich in Krisensituationen selbstständig Hilfe zu holen. Sie hat sich ein stabiles Netzwerk aufgebaut, das sie in diesen Phasen unterstützt. Diese Kompetenz, sich Ressourcen zu schaffen und diese zu nutzen, ist eine große Stärke von Frau E. Ein stabilisierender Faktor ist sicherlich ihr Mann, der sie in allen Bereichen unterstützt. Gerade in Zeiten, wo es Frau E schlecht geht und sie sich zurückzieht, übernimmt der Vater der Kinder vieles. Die Eltern können nicht einschätzen, ob diese Phasen Auswirkungen auf die Zwillinge haben. Die Kinder hinterfragen diese Situationen nicht. Sie erkundigen sich, wie es der Mutter geht, aber sie kennen es nicht anders.

> [...] Da jetzt, als es mir letztes Jahr schlecht ging, da hast du [der Ehemann, M. G.-L.] das Wochenende komplett übernommen und bist mit ihnen [den Zwillingen, M. G.-L.] ja auch zu meinen Eltern gefahren, also da waren sie dann auch unterwegs [...] Genau, das war das Wochenende, wo es mir richtig schlecht ging, und dann war ich noch vier Wochen daheim. Dann hatten sie aber dann eher mehr von mir als wenn die Arbeit gewesen wäre [...]
> (Mutter E, Zeilen 806–813)

Zudem wird die Betreuung auch durch die Au-pair-Mädchen erleichtert. Diese werden allerdings nicht zur Vollzeitbetreuung eingesetzt, sondern als „Puffer" (Vater E, Zeile 828). Dadurch sind die Eltern nicht so unter zeitlichem Druck und wissen, dass immer jemand für die Kinder zu Hause ist.

Bei beiden Familien werden die Frauen durch das Engagement der Partner gestärkt und unterstützt. Beide Familien haben Ressourcen, auf die sie zurückgreifen können, ein stabiles Umfeld und einmal zusätzlich einen Rückhalt im Glauben. Unterschiede liegen aber in der Auseinandersetzung mit psychischen Belastungen: Frau E hat sich professionelle Hilfe geholt und wird durch eine Therapeutin gestützt. Frau K, deren Trauma nicht zu Phasen der inneren Zurückgezogenheit geführt hat, verspürt zwar auch den Wunsch nach einer Unterstützung. Aber bisher sieht sie die zeitlichen Beanspruchungen, die damit einhergehen, als eine Belastung an, die den Alltag eher erschweren würden.

Den Institutionen ausgeliefert

Die Eltern von Jakob fühlen sich von Ärzten und Institutionen in ihrer Eigenschaft als gute Eltern oft kritisiert. Sie sehen den Grund vor allem auch im Rollentausch, den sie vorgenommen haben: Die Mutter führt den Betrieb, während der Vater von Beginn an Jakob versorgt hat. Sie hätten Jakob gern erst mit vier Jahren in den Kindergarten gegeben. Ärzte und Therapeuten dagegen haben zu einem früheren Kindergarteneintritt geraten. Gerade weil Jakob von Anfang an Probleme mit der Nahrungsaufnahme und der Gewichtszunahme hatte, wurde ein Eintritt mit drei Jahren empfohlen, da gleichaltrige Kinder einen positiven Einfluss haben könnten. Auch in der Grundschule hätten die Eltern gern gehabt, dass Jakob gleich nach der Schule nach Hause kommt. Ihnen wurde aber eine Mittagsbetreuung nahegelegt, da Jakob so besser die Hausaufgaben machen könne. Die Eltern fühlen sich oft fremdbestimmt. Insbesondere die Mutter irritiert dies sehr, da sie viel Verantwortung in ihrem Betrieb hat und nicht verstehen kann, wie ihrem Mann und ihr die Verantwortung für ihr Kind nicht zugetraut wird. Außerdem kritisiert sie, dass ihrem Mann keine Vorschläge gemacht wurden, wie er mit Jakob zu Hause Übungen machen kann.

> [...] Das könnten wir selber machen. Da bin ich mir ganz sicher. Hätten die gesagt: Herr J, machen Sie es so oder so – das hätte mein Mann zuverlässig gemacht.
> (Mutter J, Zeilen 243–236)

Viele Diagnosen konnten die Eltern nicht nachvollziehen und hatten das Gefühl, dass ihnen alles aus der Hand genommen wird.

> [...] Es hat die Gefahr bestanden, dass man Stück für Stück entmündigt wird. Er [Jakob, M. G.-L.] hätte erst sogar in den heilpädagogischen Kindergarten gehen sollen.
> (Vater J, Zeilen 256–257)

Doch die Eltern waren überzeugt, dass Jakob seinen Weg gehen wird. Auch jetzt beschäftigt Frau J das Thema der Bevormundung noch sehr und es ist eine große Belastung für sie. Sie hat das Gefühl, dass es schon mit der Frühgeburt begann und sich bis heute durchzieht. Trost zieht das Ehepaar J aus ihrem Glauben. Beide Eltern, insbesondere der Vater, sind sehr religiös. Er nimmt seine Verantwortung als Vater und Christ sehr ernst und führt Jakob z. B. über gemeinsames Malen an die Bibel heran. Gerade weil sie auch die christliche Verantwortung als Eltern sehen, empfinden sie die Reaktionen aus dem professionellen Umfeld als kränkend und verletzend.

3.4 Charaktermerkmale oder Besonderheiten – der Blick auf die Kinder

Wie bereits beschrieben, befanden sich fast alle Kinder in ergotherapeutischer, manche auch in logopädischer oder einer anderen Unterstützungsmaßnahme. Zwei Kinder hatten besondere Schwierigkeiten bei der Nahrungsaufnahme und Gewichtszunahme. Dies kann auch eine Folge der Frühgeburt sein. Manche Kinder haben Probleme mit der Rechtschreibung, aber bei keinem der Kinder wurde bis jetzt Legasthenie diagnostiziert.

Allerdings beschreiben die Eltern auch folgende Phänomene, die man nicht eindeutig auf die Frühgeburt zurückführen kann, die aber trotzdem eine nähere Betrachtung verdienen.

Gina hat beispielsweise große Angst vor Spritzen.

> [...] Also zum Beispiel hat sie furchtbare Angst vor Spritzen. Jetzt weiß ich nicht, liegt's daran, dass sie da [als Frühgeburt, M. G.-L.] so gepiesackt wurde und des im Unterbewusstsein noch durchkommt also [...] Also das ist wirklich unglaublich, wenn wir zum Impfen gehen, das ist, kann man nicht beschreiben. Da [...] aber ich denk mir da schon manchmal, [...] dass da noch was vielleicht zurückgeblieben ist mit dem. Dass sie das so, sie kann auch nicht sehen, wenn die Gemma geimpft wird. Da wird ihr schlecht. Die kippt fast um. Das ist für sie so schlimm, wenn die Spritzen sieht. Also das wird auch nicht besser. Ich dachte, das wird langsam besser.
> (Mutter G, Zeilen 971–993)

Mutter G macht sich selbst Gedanken, ob dies eine Folge der ersten Zeit auf der Intensivstation im Krankenhaus ist. Die Frühchen bekommen Infusionen und werden oft mit Nadeln gestochen.

Die Zwillinge Elias und Eric waren anfangs sehr schüchtern, gerade auch bei der Einschulung. Jetzt hat sich das deutlich gebessert und sie stehen auch mit dem Chor auf der Bühne. Doch im Mittelpunkt der Aufmerksamkeit zu stehen, war für sie früher schwierig. Sie reagieren sehr sensibel auf manche Situationen.

> [...] Eric hat auch ein paar Mal in der Schule eingenässt, wo man jetzt so [...] wo's ein paar Mal so war, dass er, denk ich, sich nicht getraut hat zu sagen, dass er jetzt während des Unterrichts muss. Und eine Situation war mal so, dass die Lehrerin andere Kinder geschimpft hat und das ihn schon so mitgenommen hat, obwohl er eigentlich gar nicht beteiligt war. Und dann müssen wohl in einer Stunde zwei Kinder eingenässt haben. Also da [...] ja, es war nie [...] nie ein größeres Problem, also es passiert auch praktisch nicht mehr [...]
> (Mutter E, Zeilen 241–247)

Auch Felicitas ist eher ein ängstlicher Typ. Als Beispiel wird angeführt, dass sie sich nicht traut – auch nicht unter Anleitung – ein Streichholz anzuzünden. Dies können aber auch Wesenszüge der Kinder sein, die in keinem Zusammenhang mit der Frühgeburt stehen. Im Kontrast dazu werden folgende grobmotorischen Schwierigkeiten dagegen von den Eltern als mögliche Folge der Frühgeburt beschrieben.

> [...] Also von der Frühgeburt kann man sicherlich zuordnen, grobmotorisch zum Beispiel, Schwierigkeiten mit dem Gleichgewicht. Also im Sinne von, also Fahrrad fahren ist kein Problem, aber Schwimmen ist mühsam, Schlittschuhlaufen geht mit Ach und Krach, wird aber nie gut werden, also Schwimmen sind wir immer noch am Arbeiten dran sozusagen, wir können noch immer nicht schwimmen. (seufzt) Dieses Gefühl im Wasser, das ist ganz, ganz, das ist ganz schwierig für sie [Felicitas, M. G.-L.].
> (Mutter F, Zeilen 432–438)

Jakob fällt dagegen das Fahrradfahren sehr schwer. Andere Kinder der Befragung haben mit Sportarten, die Gleichgewichtssinn benötigen, keinerlei Schwierigkeiten.

Die Kinder zeigen auch besondere Stärken. Einige sind musikalisch und lernen ein Musikinstrument. Konstanze, Elias und Eric spielen Klavier, Kornelia spielt Cello. Elias und Eric gehen in den Chor. Andere Kinder sind sportlich, wie Gina, die Handball spielt. Jakob zeigt eine Begabung beim Zeichnen. Und einige Kinder werden als besonders wissbegierig und interessiert beschrieben, wie Felicitas, die gern Querverbindungen zwischen Wissensgebieten herstellt, oder Elias, der sich für wissenschaftliche Radiosendungen begeistert. Manche Kinder zeigen sprachliche Begabungen, können früh außergewöhnliche Texte verfassen, wie beispielsweise Kornelia. Alle Kinder haben Freunde und soziale Kontakte. Es werden keine Schwierigkeiten beschrieben, die die soziale Kompetenz betreffen. Auch Felicitas kann gut mit anderen Kindern Kontakt aufnehmen, tut sich aber mit Kindern schwer, die wild und draufgängerisch sind. Dass sie sehr gern wie die anderen Kinder wäre, zeigt, dass sie sich in einer Sonderrolle fühlt. Außerdem überfordern sie die vielen Kinder am Vormittag und sie benötigt Pausen, um sich davon zu erholen.

Elias, Eric, Felicitas, Gina, Jakob, Konstanze, Kornelia – sieben Kinder mit einem besonderen Start in das Leben.

Michaela Gross-Letzelter

Soziale Arbeit für Frühchen und ihre Eltern

Der Übergang vom Kindergarten in die Grundschule ist für alle Kinder ein weichenstellender Schritt. Es beschäftigen sich viele Wissenschaftler(innen) sowie Praktiker(innen) mit dem Thema und versuchen, gute Rahmenbedingungen für alle Kinder zu schaffen. Es gibt Veränderungswünsche, von denen Frühchen besonders profitieren könnten. Insbesondere die Intensivierung der Elternarbeit und der Blick auf die individuelle Situation des Kindes können von Vorteil sein.

> Die Schulen sind derweil noch darauf angewiesen, umfangreiche Überzeugungsarbeit in den Kindergärten und bei den Eltern zu leisten, damit überhaupt Informationen zum einzelnen Kind übermittelt werden. Datenschutz zum Einen, die Bequemlichkeit und fehlende finanzielle Mittel der verschiedensten Kindergartenträger zum Anderen stehen konsequent aufeinander aufbauenden (Sprach-)Förderprogrammen derzeit noch entgegen.
> (Gunter 2013: 98)

Die Diagnostik ist hier auf den Spracherwerb bezogen, aber eine umfassende Diagnostik, welche Stärken und welchen Förderbedarf ein Kind hat, wäre für den Übergang wichtig. Die Einbindung der Eltern spielt eine wichtige Rolle.

An der Situation von Familie J zeigt sich, wie Eltern die Initiative von Institutionen als Bevormundung empfinden können, wenn sie nicht in die Förderung ihres Kindes miteinbezogen und ihnen die Zusammenhänge nicht vermittelt werden. NIDCAP® als entwicklungsförderndes Pflegekonzept für Frühchen bezieht die Eltern von Anfang an mit ein und sieht sie in ihrer Rolle als Hauptverantwortliche für ihr Kind. Diese bewährte Vorgehensweise wurde beispielsweise bei Familie J versäumt. Sie sehen sich schrittweise entmündigt und haben das Gefühl, dass ihnen die Verantwortung nicht zugetraut wird. Sie hätten Empfehlungen und Ratschläge im Umgang mit einem Frühchen mit Förderbedarf gern angenommen und umgesetzt. Da die Arbeit der Institutionen in dieser partnerschaftlichen Weise nicht erfolgt ist, die Eltern also nicht miteinbezogen wurden, werden die Therapien als sinnlos empfunden und Hilfsangebote als aufgezwungene Maßnahmen wahrgenommen. Hier wird das Potenzial, das in den Eltern steckt, nicht genutzt. Eine Begleitung der Eltern, die diese wertschätzt und ihnen von Anfang an das Gefühl vermittelt, dass Hilfe nur unterstützend und nicht bevormundend erfolgt, hätte nicht nur für die Eltern, sondern vor allem auch für das frühgeborene Kind positive Effekte gehabt. So reicht es nicht, nur den Übergang vom Kindergarten in die Schule zu betrachten, sondern bei der Unterstützung durch Soziale Arbeit muss der Blick auf die gesamte Lebensphase von der Geburt bis zur Schule gerichtet werden.

Die entscheidenden Weichen werden bereits nach der Geburt der Frühchen in der Klinik gestellt. Wenn hier eine sozialpädagogische und psychologische Unterstützung

DOI 10.1515/9783110525717-008

erfolgt bzw. wenn bereits das Pflegekonzept die Eltern miteinbezieht, können die späteren Entwicklungen positiv beeinflusst werden. Sinnvoll wäre eine kontinuierliche Unterstützung über den Klinikaufenthalt hinaus. Mangelnde Informationen im Kindergarten oder in der Grundschule verhindern gezielte Förderung. So sollte eine professionelle Fachkraft die Eltern begleiten, aber auch den Überblick über die Therapien behalten.

Alle interviewten Familien haben Ressourcen, um ihren Alltag gut zu gestalten. Alle Eltern zeichnet die Liebe zu ihren Kindern aus und der Wille, den Kindern ein gutes Leben mit Chancen zu ermöglichen. Jede Familie fördert ihre Kinder – je nach individueller Situation des Kindes. Wie bei allen anderen Familien, denen ihre Kinder das Wichtigste im Leben sind, werden musikalische, kreative oder sportliche Fähigkeiten gefördert. Ebenso wird versucht, sie bei Anforderungen, die das System „Schule" an sie stellt, gezielt zu unterstützen. Bei dem Wunsch, den Kindern ein „gutes Leben" zu ermöglichen, könnten aber auch die Eltern professionell unterstützt werden, um ihnen die eigene Situation zu erleichtern.

Man sieht an den unterschiedlichen Lebensgeschichten und Belastungen der Familien, dass jede Familie individuell angepasste Unterstützungsformen benötigt: Für manche Eltern wäre eine sozialpädagogische Fachkraft sinnvoll, die sie regelmäßig begleitet.

Bei Familie J wäre eine Vertrauensperson, die die Rolle der Eltern als Hauptverantwortliche für ihr Kind stützt und ihnen die Therapieangebote als Unterstützung in ihrer Förderung des Kindes deutlich macht, überaus hilfreich gewesen. Sie hätte den Kontakt der Eltern zu Ärzt(inn)en und Institutionen begleiten und die Eigenverantwortung der Eltern stärken können.

Familie K benötigt beispielsweise keine kontinuierliche Begleitung. Aber eine professionelle Kraft, die Frau K aufzeigt, wie sie eine Therapie trotz Beruf und Familie zeitlich bewältigen kann, um ihr Trauma zu verarbeiten, wäre auch hier hilfreich gewesen.

Familie G hat professionelle Hilfe bei der Annahme der chronischen Erkrankung ihrer Tochter erfahren und sehr positiv bewertet. Diese Begleitung hatte aber nicht die kleinere Schwester im Blick, die mit Stottern auf die Verschiebung der elterlichen Aufmerksamkeit reagiert hat. Frau G war sehr aufmerksam und hellhörig, und das Stottern hat sich schnell gegeben. Doch könnte eine Fachkraft für Frühchen in solchen Situationen mit den anderen Institutionen kooperieren und eine familiensystemische Perspektive einnehmen.

Familie als System zu betrachten, wäre auch eine Möglichkeit bei Familie E. Frau E hat sehr gute Ressourcen, damit ihre psychischen Probleme nicht den Alltag der Familie belasten. Sie hat professionelle Hilfe. Doch eine zusätzliche Fachkraft, die die Situation der Zwillinge in den Phasen betrachtet, in denen die Mutter nicht so präsent ist, könnte ebenfalls hilfreich sein. Das muss nicht bedeuten, dass die Zwillinge dadurch belastet sind, denn darauf achten die Eltern – und in diesen Phasen vor allem der Vater – sehr. Aber ein professioneller Blick könnte den Eltern vielleicht die eigene Einschätzung nochmals bestätigen oder deren Blickwinkel erweitern.

Frau F hat ihr Leben ganz auf die Förderung von Felicitas konzentriert. Sie hat niemanden, mit dem sie sich über die besondere Situation, in der sich Felicitas, aber auch sie selbst befindet, austauschen kann. Hier wäre eine professionelle Unterstützung in dem Sinne hilfreich, dass Kontakte zu anderen betroffenen Eltern vermittelt werden können. Zudem könnte Frau F in den vielen bürokratischen Vorgängen unterstützt werden. Sie benötigt immer wieder Atteste und Beglaubigungen, damit Felicitas weitere Förderung erhält. Sie ist in diesen Dingen inzwischen sehr bewandert, aber es wäre sicherlich eine Erleichterung, wenn sie darin Hilfe erfahren würde. Frau F benötigt alle Kraft für die Unterstützung von Felicitas. Vielleicht könnte eine Fachkraft sie da entlasten, damit sie mehr Zeit für sich hat und durch diese gewonnene Ressource auch Felicitas profitiert.

Bei allen Kindern der befragten Familien gab es Rückmeldungen zur Schuleingangsuntersuchung, da eine Einschulung zu dem anstehenden Termin nicht befürwortet wurde. Alle Kinder wurden aber zu dem Termin eingeschult, an dem die Eltern dies auch wünschten. Woher kommen diese Einschätzungen?

Die Eltern beschreiben unterschiedliche Faktoren:
- Die Rahmenbedingungen beeinflussen die Untersuchung, etwa ein fremder, abgedunkelter Raum oder keine den Kindern bekannte Erzieherin an ihrer Seite.
- Die Kinder zeigen nicht, was sie können, sondern verweigern die Mitarbeit.
- Die Kinder sind bei den Fragestellungen unterfordert und suchen komplizierte Lösungen.
- Die persönlichen Erfahrungen der untersuchenden Person beeinflussen die Empfehlung (z. B. selbst Frühchen-Mutter, die eine spätere Einschulung als positiv empfunden hat).

Hieran ist erkennbar, wie unberechenbar die Untersuchungsergebnisse sind. Alle Eltern hatten genaue Vorstellungen zum Einschulungstermin und zur Schulform (Regelschule). Und alle Eltern haben ihre Wünsche, fast unabhängig von den Untersuchungsergebnissen, umgesetzt. Andere Eltern lassen sich vielleicht von den Untersuchungsergebnissen stärker beeinflussen. Hier wäre eine professionelle Fachkraft notwendig, die das Kind kennt und mit den Eltern gemeinsam diesen Übergang bewältigt.

Einige Kinder hatten anfangs oder auch später Probleme in der Schule. Häufig machten sie viele Fehler im Fach Mathematik oder hatten Probleme mit der Rechtschreibung. Alle Eltern haben abgewartet, und die Probleme haben sich zumeist gegeben. Gerade bei Legasthenie ist es umstritten, ob die Kinder einer entsprechenden Untersuchung zugeführt werden sollen. Manche Eltern haben Angst vor Stigmatisierung, andere wünschen sich eine Diagnose, damit in der Schule eine Erleichterung bei Prüfungen zugelassen wird. Eine Fachkraft könnte hier beraten und Hilfestellung geben.

In den unterschiedlichen Lebensphasen der Kinder und im Familienalltag gibt es immer wieder Ereignisse, die von einer professionellen Fachkraft begleiten werden könnten. So wäre es hilfreich, eine Kontaktstelle „Frühgeburt" zu haben und zwar unabhängig davon, ob bei Kindern Folgeschäden diagnostiziert wurden oder nicht. Dort sollten sozialpädagogische und psychologische Fachkräfte angestellt sein. Diese Kontaktstelle hätte die Aufgabe, unmittelbar nach der Geburt Kontakt zu Kliniken aufzunehmen, in denen es Neonatologieabteilungen gibt. Hier sollte es eine Zusammenarbeit mit den sozialpädagogischen Fachkräften vor Ort geben. Wenn das Kind nach Hause entlassen wird und die Klinik keine Betreuung danach zur Verfügung stellt, könnte dies die Kontaktstelle übernehmen. So sollten sich die Fachkräfte schon in der Klinik den Eltern vorstellen und ihr Angebot bekanntmachen.

- Schon in dieser Zeit könnten Eltern bei Behördengängen unterstützt werden. Hilfsangebote könnten bekannt gemacht und die Beantragung von Geldern und anderen Hilfsleistungen in die Wege geleitet werden.
- Die erste Zeit zu Hause ist oft von Unsicherheiten mit dem Frühchen geprägt. Wünschenswert wären auch Hebammen oder Kinderkrankenschwestern in der Kontaktstelle, die bei Bedarf die Eltern in dieser Phase unterstützen könnten. Zudem müsste es eine Liste mit frühchenerfahrenen Kinderärzten und -ärztinnen geben, die die Eltern wohnortnah über die ärztliche Versorgungslage informiert. Ein Kinderarzt ohne Erfahrungen mit Frühchen kann für Eltern eine große Belastung sein, da medizinische Fakten falsch interpretiert werden können (z. B. Gewichtszunahme).
- Die Kontaktstelle könnte sinnvolle therapeutische Maßnahmen wie z. B. Ergotherapie oder Logopädie koordinieren. Damit bestünde eine Übersicht über alle Therapien, und die Eltern könnten von den Fachkräften in der Zusammenarbeit unterstützt werden.
- Die Wahl des Kindergartens oder anderer Betreuungsinstitutionen könnte begleitet werden.
- Der Übergang vom Kindergarten in die Grundschule sollte ebenfalls begleitet und Untersuchungsergebnisse sollten gemeinsam interpretiert werden.
- Die Schullaufbahn könnte durch Angebote der Kontaktstelle unterstützt werden, und passende Angebote wie z. B. nach einer Diagnose von Legasthenie oder Dyskalkulie könnten erfolgen.
- Die Eltern könnten nützliche Angebote für sich selbst erhalten, wenn sie durch eine Frühgeburt oder andere Ereignisse belastet sind.
- Nicht nur die Frühgeburt, sondern auch andere belastende Ereignisse innerhalb der Familien könnten begleitet werden.

Insgesamt könnten die sozialpädagogischen Fachkräfte von Anfang an für die Eltern unterstützend tätig sein und sie in ihrer Hauptverantwortung gegenüber dem Kind stärken.

Teil 4: **Frühchen bis zum Erwachsenenalter**

Theresa Dürr, Christina Fraitzl und Larissa Stelzl

Schullaufbahn von Frühchen

Das Thema „Frühchen und Schule" hat Studierende interessiert und sie haben in einer nicht repräsentativen Studie die Schullaufbahn von Frühchen erforscht. Die Kontaktaufnahme erfolgte über Internetforen. Insgesamt haben 21 Teilnehmer(innen) den Fragebogen beantwortet. Die meisten Antworten kamen von Teilnehmer(inne)n, die zwischen 1988 und 1992 geboren wurden. Es nahmen zwei männliche und 19 weibliche Personen teil.

Zwei Teilnehmer(innen) kamen mit einem extrem niedrigen Geburtsgewicht, also unter 1000 Gramm, zur Welt. Fünf Personen wurden mit einem sehr niedrigen Geburtsgewicht, unter 1500 Gramm, geboren und 14 Personen hatten ein niedriges Geburtsgewicht mit unter 2500 Gramm. Das extremste Frühchen wurde in der 20. SSW geboren.

Die meisten Befragten (elf) wurden mit sechs Jahren eingeschult, acht von ihnen mit sieben Jahren, je eine Person mit fünf und mit acht Jahren. 19 Befragte gaben an, dass es nicht besser gewesen wäre, später eingeschult zu werden. Von allen Befragten besuchten 16 das Gymnasium, drei die Realschule, einer die POS (DDR) und ebenfalls eine Person die Mittelschule. Von 21 Teilnehmer(inne)n haben sechs Personen einmal eine Schulklasse wiederholt. Folgende Gründe wurden dafür genannt:

- freiwilliges Wiederholen, um die 13. Klasse der FOS machen zu können
- allgemein schlechte Leistungen
- schlechte Leistungen in einzelnen Fächern
- wegen einem Lehrer

Bei der Frage, welche Fächer besonders beliebt waren und welche besonders schwer fielen, war jeweils Mathematik der Spitzenreiter. Mathematik erhielt also die meisten Nennungen sowohl als Problemfach, als auch als Fach, das besonders beliebt war. 38 % aller Befragten erhielten Nachhilfe. Bei den Nachhilfefächern steht wieder das Fach „Mathematik" an der Spitze.

Die Teilnehmer(innen) wurden gefragt, ob sie als Frühchen anders in der Schule behandelt wurden. Drei Befragte bejahten dies und gaben folgende Begründungen an:

- „In der Grundschule [...] ich wurde in Sport übervorsichtig behandelt."
- „Aufgrund der Frühgeburt leide ich an Epilepsie. Dies wiederum führte dazu, dass ich absolutes Verbot hatte, am Sportunterricht teilzunehmen. Bis heute hab ich nicht gelernt, Fahrrad zu fahren oder zu schwimmen. Dies führte zu Ausgrenzung. Außerdem waren die Lehrer mitunter wenig hilfreich, bezeichneten mich mitunter als dumm."

DOI 10.1515/9783110525717-009

- „Weil ich ein sehr zartes Kind war, glaubte der Lehrer, meinen Wanderrucksack beim Wandertag tragen zu müssen. Sehr zum Gelächter der älteren Schüler.“

Über 70 % der Teilnehmer(innen) waren mit ihrer Schullaufbahn und ihren Schulleistungen zufrieden bis sehr zufrieden. Zum Schluss haben wir darum gebeten, dass die Teilnehmer(innen) ihre Einschätzung kurz begründen. Hier eine Auswahl der Antworten:
- „Mittel zufrieden, weil ich einerseits Angst vor Prüfungen/Ausfragen und generell vor der Schule hatte, meine Mitschüler(innen) aber sehr nett waren und ich gute Freunde dort fand.“
- „Ich bin zufrieden, da ich immer mein Bestes gegeben habe bzw. bei schlechten Noten hätte ich mehr lernen sollen.“
- „Ich bin zufrieden, weil ich bisher alles erreicht habe, was ich erreichen wollte.“
- „Die Schule war ein einziger Horror. In den Wirren der Wende wurde auf ‚Problemschüler‘ mit Lernschwierigkeiten keinerlei Rücksicht genommen. Ich habe den Abschluss nur mit sehr schlechten Noten geschafft und letztendlich mit dem guten Willen der Lehrer, die Wendekinder nicht ohne Zeugnis zu entlassen.“
- „Weil ich alle Ziele erreichen konnte.“
- „Ich habe mich immer sehr schwer getan beim Lernen und musste mich durchkämpfen. Mit meinem Ergebnis beim Abschluss bin ich aber total zufrieden.“
- „Ich bin zufrieden, weil ich das Fachabitur mit sehr gutem Erfolg bestanden habe.“
- „Ich hatte mit Noten nie größere Probleme.“
- „Ich habe ein reguläres Abitur mit 1,4 gemacht, bin mittlerweile 23 und habe einen Bachelorabschluss und studiere im Moment im Doppelstudium Master und einen zweiten Bachelor.“
- „Weil ich trotz der Frühgeburt keinerlei schulische Probleme hatte.“
- „Da ich ein sehr gutes Abitur gemacht habe und sofort einen Studienplatz bekommen habe.“

Insgesamt kamen wir bei unserem Fragebogen zu dem Ergebnis, dass die Schullaufbahn von Frühchen sehr positiv verlaufen kann. Die Mehrzahl war mit ihrer Laufbahn und ihren Leistungen zufrieden. Natürlich wurden auch negative Aspekte und besondere Herausforderungen genannt, die auf ihre Frühgeburt zurückgeführt wurden. In unserem Forschungsergebnis konnten wir keinen Zusammenhang zwischen Geburtsgewicht und Leistungen erkennen. Auch eine spätere Einschulung wurde von den Befragten nicht befürwortet.

Allerdings ist diese Studie nicht repräsentativ und die Ergebnisse sind verzerrt: Der Zugriff zum Fragebogen fand vermehrt über Internetseiten diverser Hochschulgruppen statt, zu denen vermehrt Teilnehmer(innen) mit einem höheren Bildungsabschluss Zugang hatten. Wir haben versucht, den Fragebogen auch anderen Personen zugänglich zu machen, allerdings lässt sich nicht genau benennen, wie viele Personen, die nicht Fachhochschulen und Universitäten besuchen, an unserer Befragung teilgenommen haben. Dieser Bias muss berücksichtigt werden.

Trotzdem haben auch diese Ergebnisse eine Bedeutung: Eine Frühgeburt muss nicht automatisch eine Prognose für eine negative Schullaufbahn sein.

Nadine Bootz, Sandra Kropp und Georgina Ramisch

Erwachsene Frühchen

Eine andere Studierendengruppe beschäftigte sich mit dem Thema Frühchen im Erwachsenenalter. Dabei wurde der Fokus auf die Spätfolgen einer Frühgeburt als Forschungsgegenstand gelegt. Es hat die Studierenden interessiert, mit welchen lebenslangen Einschränkungen und Herausforderungen ein Frühgeborenes unter Umständen umgehen muss. Die Zielgruppe sind Erwachsene, d. h. Personen ab einem Alter von 18 Jahren, die als Frühgeborene mit einem sehr niedrigen Geburtsgewicht von unter 1500 Gramm zur Welt gekommen sind. Die erwachsenen Frühchen wurden über Internetforen, Facebook und Frühchenvereine gesucht. Dieser Fragebogen wurde von insgesamt 28 Teilnehmer(inne)n ausgefüllt. Davon sind fünf Personen männlich und 23 weiblich, sie sind zwischen 20 und 45 Jahre alt. Das niedrigste angegebene Geburtsgewicht lag bei 700 Gramm, das höchste bei 1500 Gramm.

Elf von 28 Personen haben chronische körperliche Einschränkungen, das sind rund 40 %. Acht Personen haben eine Form der Spastik genannt. Neun Teilnehmer(innen) weisen Einschränkungen der Sinnesorgane auf. Acht dieser neun Personen haben gesagt, Sehschwierigkeiten zu haben. Drei von 28 Personen haben folgende diagnostizierte psychische Auffälligkeiten: Kleptomanie, Borderline, Depression, Panikattacken. Sechs Personen haben angegeben, eine Psychotherapie zu machen oder gemacht zu haben. Sechs Personen besuchen eine Logopädie und jeweils 13 Personen eine Ergo- oder Physiotherapie oder haben in der Vergangenheit eine dieser Therapien gemacht. Bei der Frage, welche therapeutische Hilfe die Personen in Anspruch nehmen oder genommen haben, waren Mehrfachantworten möglich. Insgesamt nehmen 18 Personen therapeutische Unterstützung in Anspruch oder haben schon einmal eine solche in Anspruch genommen.

Bei den Fragen nach Schulabschlüssen und Erwerbstätigkeiten haben sich mit Ausnahme der folgenden keine Auffälligkeiten feststellen lassen: Sechs der acht Personen, die eine Form der Spastik aufweisen, sind erwerbstätig. Vier davon arbeiten in einem Büro. Das heißt also, die Personen sind nicht so stark eingeschränkt, dass sie nicht erwerbstätig sein können.

23 von 28 Personen haben Geschwister, zwei Personen sind als Mehrling zur Welt gekommen. Des Weiteren haben vier Personen gesagt, dass ihre Mutter vor ihrer Geburt eine Fehlgeburt gehabt habe. Sieben Teilnehmer(innen) haben angegeben, dass in ihrer Familie schon einmal eine Frühgeburt vorgekommen sei. Acht von 15 Personen, die bei der Frage nach ihrer eigenen Frühgeburt eine Angabe gemacht haben, hatten selbst mindestens ein Kind als Frühchen auf die Welt gebracht, wobei eine der acht Angaben von einem männlichem Teilnehmer gemacht wurde. Lediglich vier Teilnehmer(innen) haben gesagt, dass sie sich überbehütet fühlen oder gefühlt haben.

DOI 10.1515/9783110525717-010

Auch diese Studie ist nicht repräsentativ. Trotzdem zeigen die Ergebnisse interessante Facetten des Lebens von Frühchen auf, die es weiterzuverfolgen gilt und die weitere empirische Studien zu der Thematik erfordern.

Ausblick der Herausgeberin

Die Forschung endet nicht mit Frühchen im Grundschulalter, sondern die Fragestellungen werden sich der Lebensphase und dem Alter der Frühchen anpassen. Wie wird es den befragten Familien, die an dieser Studie in den Jahren 2009 und 2015 teilgenommen haben, gehen, wenn die Kinder nach der 4. Klasse Grundschule eine andere Schulform wählen müssen? Wie geht es mit den Belastungen der Mütter und Väter weiter? Ich freue mich darauf, die Lebenswege der Kinder und die ihrer Eltern weiter mit Interviews begleiten zu dürfen.

Michaela Gross-Letzelter

Literatur

Alberti, B. (2007): Die Seele fühlt von Anfang an – Wie pränatale Erfahrungen unsere Beziehungsfähigkeit prägen. 2. Aufl. München.

Als, H. (1982): Toward a Synactive Theory of Development: Promise of the Assessment and Support of Infant Individuality: Infant Mental Health Journal 3 (4), S. 229–243.

Als, H. (1999): Reading the premature infant. In: Golden, E. (Hrsg.): Developmental Interventions in the Neonatal Intensive Care Nursery. New York, S. 18–85.

Als, H. (2017): Program Guide. Newborn Individualized Developmental Care and Assessment Program (NIDCAP). An Education and Training Program for Health Care Professionals. URL: http://nidcap.org/wp-content/uploads/2017/02/Program-Guide-Rev-16Feb2017-Final.pdf (letzter Aufruf: 16.05.2017).

Als, H.; Duffy, F. H.; McAnulty, G.; Butler, S. C.; Lightbody, L.: Kosta, S.; Weisenfeld, N. I.; Robertson, R.; Parad, R. B.; Ringer, S. A.; Blickman, J. G.; Zurakowski, D.; Warfield, S. K. (2012): NIDCAP improves brain function and structure in preterm infants with severe intrauterine growth restriction: Journal of Perinatology 32, S. 797–803.

Als, H.; Lawhon, G.; Brown E.; Gibes, R.; Duffy, F. H.; McAnulty, G. B.; Blickman, J. G. (1986): Individualized behavioral and environmental care for the very low birth weight preterm infant at high risk for bronchopulmonary dysplasia: Neonatal Intensive Care Unit and developmental outcome. In: Pediatrics, 78 (6), S. 1123–1132.

Als, H.; McAnulty, G. B. (2011): The Newborn Individualized Developmental Care and Assessment Program (NIDCAP) with Kangaroo Mother Care (KMC): Comprehensive Care for Preterm Infants. In: Current Women's Health Reviews 7 (3), S. 288–301. URL: http://www.ncbi.nlm.nih.gov/pmc/articles/PMC4248304/pdf/nihms596642.pdf (letzter Aufruf: 19.02.2016).

Baumgartner, M. (2010): Frühchen. In: Gross-Letzelter, M. (2010): Frühchen-Eltern – Ein sozialpädagogisches Forschungsprojekt. Lengerich, S. 16–33.

Brandt, I.; Sticker, E.; Höcky, M. (1997): Lebensqualität von Frühgeborenen und Reifgeborenen bis ins Erwachsenenalter. Auseinandersetzung mit biologischen und sozialen Risiken (prä-, peri- und postnatal sowie im Kindesalter). Baden-Baden.

Bründel, H. (2012): Wie werden Kinder schulfähig. Was die Kita leisten kann. Freiburg im Breisgau.

Dick, A.; Weitbrecht, W.-U.; Lindroth, M. (1999): Prävention von Entwicklungsstörungen bei Frühgeborenen. 1. Aufl. München.

Dörner, T.; Feldkamp, J.; Pfitzmann, R.; Radke, M.; Schönberger, B.; Springer, G.; Straube, E.; Straube, W. (Hrsg.) (2004): Pschyrembel. Klinisches Wörterbuch. 260., neu bearbeitete Aufl. Berlin.

Dollinger, S. (2013): Diagnosegenauigkeit von ErzieherInnen und LehrerInnen. Einschätzung schulrelevanter Kompetenzen in der Übergangsphase. Wiesbaden.

Engfer, A. (1986): Kindesmisshandlung. Ursachen, Auswirkungen, Hilfen. Stuttgart.

Faust, G. (2013): Übergang in das Schulsystem hinein. Vom Kindergarten in die Grundschule – Aktuelle Befunde aus der Bildungsforschung. In: Bellenberg, G.; Forell, M. (Hrsg.): Bildungsübergänge gestalten. Ein Dialog zwischen Wissenschaft und Praxis. Münster/New York/München/Berlin, S. 33–44.

Filipp, S. H. (1981): Ein allgemeines Modell für die Analyse kritischer Lebensereignisse. In: Filipp, S. H. (Hrsg.): Kritische Lebensereignisse. München, S. 3–52.

Gawehn, N. (2011): Frühgeborene als Schüler – Eine Schullaufbahn unter besonderen Voraussetzungen? In: Landesverband „Früh- und Risikogeborene Kinder Rheinland-Pfalz" e. V. (Hrsg.): Frühgeborene und Schule. Ermutigt oder ausgebremst? Miltenberg, S. 20–25.

Gross-Letzelter, M. (2010): Frühchen-Eltern – Ein sozialpädagogisches Forschungsprojekt. Lengerich.
Gunter, O. (2013): Gelingensfaktoren für die Schulen für den Übergang vom Kindergarten in die Grundschule. In: Bellenberg, G.; Forell, M. (Hrsg.): Bildungsübergänge gestalten. Ein Dialog zwischen Wissenschaft und Praxis. Münster/New York/München/Berlin, S. 89–102.
Jaeggi, E.; Faas, A.; Mruck, K. (1998): Denkverbote gibt es nicht! Vorschlag zur interpretativen Auswertung kommunikativ gewonnener Daten. Forschungsbericht 2–98 aus der Abteilung Psychologie im Institut für Sozialwissenschaften, Technische Universität Berlin. Internetpublikation: URL: http://psydok.sulb.uni-saarland.de/volltexte/2004/291/pdf/ber199802.pdf (letzter Aufruf: 11.12.2015).
Jorch, G. (2013): Frühgeburt – Rat und Hilfe für die ersten Lebensmonate. 1. Aufl. Freiburg im Breisgau.
Jotzo, M. (2004): Trauma Frühgeburt – Ein Programm zur Krisenintervention bei Eltern. 1. Aufl. Frankfurt am Main.
Jungmann, T. (2003): Biologische Risikobelastung und Sprachentwicklung bei unreif geborenen Kindern. Dissertation. URL: https://pub.uni-bielefeld.de/download/2304877/2304880 (letzter Aufruf: 13.05.2017).
Krenz, A. (2003): Ist mein Kind schulfähig? Ein Orientierungsbuch. München.
Legendre, V.; Burtner, P. A.; Martinez, K. L.; Crowe, T. A. (2011): The Evolving Practice of Developmental Care in the Neonatal Unit: A Systematic Review: Physical & occupational therapy in pediatrics 31 (3), S. 315–338.
Liebers, K. (2013): Schulanfang – passgenau und flexibel? In: Bellenberg, G.; Forell, M. (Hrsg.): Bildungsübergänge gestalten. Ein Dialog zwischen Wissenschaft und Praxis. Münster/New York/München/Berlin, S. 67–76.
Marcovich, M. (2008): Frühgeborene – zu klein zum Leben? Geborgenheit und Liebe von Anfang an. 2. Aufl. München.
Miller, T. (2012): Inklusion – Teilhabe – Lebensqualität: Tragfähige Beziehungen gestalten. Systemische Modellierung einer Kernbestimmung Sozialer Arbeit. Stuttgart.
Müller-Rieckmann, E. (2000): Das frühgeborene Kind in seiner Entwicklung. 5. Aufl. München.
Pierrat, V.; Zaoui-Grattepanche, C.; Rousseau, S.; Truffert, P. (2012): Quels sont les bénéfices de l'implication précoce des parents en néonatologie: le point de vue du bébé: Devenir 24 (1), S. 35–44.
Rist, S. (2011): Plädoyer für NIDCAP in Deutschland. In: intensiv 19 (5), S. 254–258. URL: https://www.thieme-connect.de/products/ejournals/html/10.1055/s-0031-1281475 (letzter Aufruf: 28.12.2015).
Sarimski, K. (2000): Frühgeburt als Herausforderung – Psychologische Beratung als Bewältigungshilfe. 1. Aufl. Göttingen.
Schäfers, R. (2011): Gesundheitsförderung durch Hebammen – Fürsorge und Prävention rund um Mutterschaft und Geburt. 1. Aufl. Stuttgart.
Schor, B.; Weigl, E.; Wittmann, H.: „Die Kooperationsklasse“. Inhaltliche Grundlegung und praktische Handlungshilfen für ein integratives Modell im bayerischen Bildungswesen. Bayerisches Staatsministerium für Unterricht und Kultus. URL: http://isb.bayern.de/download/804/kooperationsklassen.pdf (letzter Aufruf: 13.05.2017).
Sizun, J.; Garenne, A.; Dubourg, M. (2010): Document „Ce que les pédiatres peuvent nous apprendre“: Reanimation 19 (3), S. 251–257.
Steidinger, J.; Uthicke, K. J. (1985): Frühgeborene – Babys, die nicht warten können. 1. Aufl. München.
Strauss, A.; Corbin, J. (1996): Grounded Theory – Grundlagen Qualitativer Sozialforschung. Weinheim.

Strobel, K. (1998): Frühgeborene brauchen Liebe – Was Eltern für ihr „Frühchen" tun können. 4. Aufl. München.
Tesch, B. (2011): Die ganzheitliche Betreuung von Frühgeborenen. In: Kinderkrankenschwester 30 (2), S. 59–61.
Tillmann, K.-J. (2013): Die Bewältigung von Übergängen im Lebenslauf – eine biografische Perspektive. In: Bellenberg, G.; Forell, M. (Hrsg.): Bildungsübergänge gestalten. Ein Dialog zwischen Wissenschaft und Praxis. Münster/New York/München/Berlin, S. 15–32.
Vonderlin, E.-M. (1999): Frühgeburt: Elterliche Belastung und Bewältigung. Heidelberg.
von der Wense, A.; Bindt, C. (2013): Risikofaktor Frühgeburt – Entwicklungsrisiken erkennen und behandeln. 1. Aufl. Weinheim.

Internetquellen

BSVSH – Blinden- und Sehbehindertenverein Schleswig-Holstein e. V. (2017): Wann spricht man von Sehbehinderung, wann von Blindheit? URL: http://www.bsvsh.org/index.php?menuid=58&reporeid=52 (letzter Aufruf: 02.01.2017).
Datenbank Bayern-Recht (BayEug): URL: http://www.gesetze-bayern.de/jportal/portal/page/bsbayprod.psml?showdoccase=1&st=null&doc.id=jlr-EUGBY2000pG13&doc.part=X&doc.origin=bs (letzter Aufruf: 14.03.2015).
URL: http://www.familienplanung.de/schwangerschaft/fruehgeburt/betreuung-selbsthilfe-netzwerke/ (letzter Aufruf: 13.05.2017).
URL: http://www.familienplanung.de/schwangerschaft/fruehgeburt/risiken-anzeichen-chancen/ (letzter Aufruf: 15.06.2014).
URL: http://www.familienplanung.de/lexikon/gestationsalter/ (letzter Aufruf: 17.06.2014).
URL: http://geburtsmedizin.charite.de/aerzte_hebammen/praenataldiagnostik/dopplersonografische_untersuchungen/ (letzter Aufruf: 13.05.2017).
URL: https://harlekin-nachsorge.de/ (letzter Aufruf: 13.05.2017).
Klinikum Großhadern München: URL: www.klinikum.uni-muenchen.de/Klinik-und-Poliklinik-fuer-Frauenheilkunde-und-Geburtshilfe-Grosshadern/de/perinatalzentrum/nachsorge/index.html (letzter Aufruf: 13.05.2017).
URL: http://www.klinikum.uni-muenchen.de/de/das_klinikum/zentrale-bereiche/weitere-informationen-presse/dossiers/frauenmilchbank_pm_fortsetzung/index.html (letzter Aufruf: 13.05.2017).
URL: http://www.klinikum.uni-muenchen.de/Klinik-und-Poliklinik-fuer-Frauenheilkunde-und-Geburtshilfe-Grosshadern/de/perinatalzentrum/angebote/geschwisterkurs/index.html (letzter Aufruf: 13.05.2017).
Landesamt: URL: http://www.lgl.bayern.de/gesundheit/praevention/kindergesundheit/schuleingangsuntersuchung/ (letzter Aufruf: 14.03.2015).
URL: http://www.lifeline.de/krankheiten/hellp-syndrom-id44966.html (letzter Aufruf: 13.5.2017).
URL: http://lmt-medicalsystems.com/de/aktuelles/nachrichtendetails/die-haeufigsten-krankheiten-von-fruehgeborenen.html (letzter Aufruf: 13.5.2017).
URL: http://www.onmeda.de/krankheiten/cushing_syndrom.html (letzter Aufruf: 13.5.2017).
URL: http://www.ploetzlicher-kindstod.org/index.php?sids (letzter Aufruf: 14.06.2014).
Portal München (2017): Untersuchung – So läuft die Untersuchung zur Einschulung ab. URL: https://www.muenchen.de/rathaus/Stadtverwaltung/Referat-fuer-Gesundheit-und-Umwelt/Gesundheitsfoerderung/Kinder_und_Jugendliche/Einschulung/Untersuchung.html (letzter Aufruf: 26.05.2017).

URL: http://www.prb.org/pdf13/2013-population-data-sheet_eng.pdf (letzter Aufruf: 17.06.2014).
URL: http://www.schwangerundkind.de/praeeklampsie.html (letzter Aufruf: 13.05.2017).
Spektrum Akademischer Verlag (1999): Fixation. In: Lexikon der Optik. URL: http://www.spektrum.de/lexikon/optik/fixation/987 (letzter Aufruf: 03.01.2017).
WHO: URL: http://www.who.int/mediacentre/factsheets/fs363/en/#. (letzter Aufruf: 14.06.2014).

Sonstige Quellen

Broschüren des Bundesverbandes „Das frühgeborene Kind“ e. V.: Zu früh geboren – Ein besonderer Start.
Destatis (Statistisches Bundesamt, Wiesbaden) 2013, Berechnungen zu Frühchen.

Graue Materialien

Unveröffentlichte Transkripte „Forschungsprojekt Frühchen“, Katholische Stiftungshochschule München, 2009 bis 2015.

Verzeichnis der Autor(innen)

Susanne Bötel, Soziale Arbeit B. A.

Nadine Bootz, Soziale Arbeit B. A., Arbeitsschwerpunkt: Menschen mit psychischen Auffälligkeiten.

Theresa Dürr, staatlich anerkannte Erzieherin, Soziale Arbeit B. A.

Elisabeth Fay, Altenpflegerin/Gerontopsychiatrische Fachkraft (B. Sc.), Praxisanleiterin für Heilberufe, Studentin des Masterstudiengangs „Pflegewissenschaft – Innovative Versorgungskonzepte" an der Katholischen Stiftungshochschule München.

Christina Fraitzl, Soziale Arbeit B. A., staatlich anerkannte Erzieherin, Erlebnispädagogin.

Sarah Frank, Soziale Arbeit B. A., Arbeitsschwerpunkte Behinderten-/Altenhilfe.

Laura Gerken, Pflege Dual B. A., Studentin des Masterstudiengangs „Pflegewissenschaft – Innovative Versorgungskonzepte" an der Katholischen Stiftungshochschule München.

Lisa Gölsdorf, Soziale Arbeit B. A., Arbeitsschwerpunkt: Jugendhilfe.

Lucas Finn Gottsmann, Student des Bachelorstudiengangs „Soziale Arbeit", wissenschaftlich arbeitende studentische Hilfskraft im vom Bundesministerium für Familie, Senioren, Frauen und Jugend geförderten und finanzierten Sozialforschungsprojekt „Qualitätsbedingungen von Fachberatung Kindertagespflege (QualFa)" unter der Leitung von Prof. Dr. Gabriel Schoyerer, Stipendiat des Max-Weber-Programms des Freistaats Bayern.

Prof. Dr. Michaela Gross-Letzelter, Professorin für Soziologie an der Katholischen Stiftungshochschule München, forscht seit Jahren zum Thema „Frühgeborene und ihre Eltern" und dazu, wie Soziale Arbeit unterstützend in diesem Bereich tätig sein kann.

Antonie Kratzmair, Soziale Arbeit B. A., Arbeit mit unbegleiteten minderjährigen Flüchtlingen.

Sandra Kropp, Soziale Arbeit B. A., Gruppenleitung in einer Tagesstätte mit dem Schwerpunkt Kleinkindpädagogik.

Sonja Olwitz, Pflegemanagerin B. A., Studentin des Masterstudiengangs „Pflegewissenschaft – Innovative Versorgungskonzepte" an der Katholischen Stiftungshochschule München.

Ramona Preuschl, Soziale Arbeit B. A., Arbeitsschwerpunkt: Jugendarbeit.

Georgina Ramisch, Fotodesign B. A. und Soziale Arbeit B. A., Arbeitsschwerpunkte: Fotografie, Kinder- und Jugendpsychiatrie sowie Jugendhilfe.

Larissa Stelzl, Soziale Arbeit B. A., staatlich anerkannte Erzieherin.

Regina Thalhammer, Pflegepädagogin B. A., Studentin des Masterstudiengangs „Pflegewissenschaft – Innovative Versorgungskonzepte“ an der Katholischen Stiftungshochschule München.

Nina Wendl, Soziale Arbeit B. A., Kinderschutz München e. V., Kindertageszentrum.

Andrea Windisch, Dipl.-Theol. (B. Sc.), Studentin des Masterstudiengangs „Pflegewissenschaft – Innovative Versorgungskonzepte“ an der Katholischen Stiftungshochschule München, Mitarbeiterin im Case Management/Sozialdienst.

Martina Winkler, Dipl. Sozialpädagogin (FH).